KB069935

천년의 수업

천년의 수업

**나와 세상의
경계를 허무는
9가지 질문**

김
헌

다산
초당

질문하는 삶을 살고 계신가요?

질문을 마주하는 순간

여러분은 질문하는 삶을 살고 계신가요? 제가 수업 중에 이렇게 물으면 학생들은 어색한 미소를 짓고는 합니다. 아마도 그럴 마음의 여유가 없다는 대답을 우회적으로 표현하는 게 아닌가 싶습니다. 학점에 취업 준비에 챙겨야 할 것도 해야 할 것도 많다 보니 군이 나서서 묻고 따지고 싶지 않은 마음이 이해가 되기도 하지요.

저는 기회가 생기면 일반 대중을 대상으로 인문학 강의를 하기도 하는데요, 그때도 같은 질문을 사람들에게 던지곤 합니다. 재미

있는 건 그 분들도 같은 반응을 보인다는 겁니다.

지금은 어색한 미소만 지을 뿐인 사람들도 한때는 질문이 많던 아이였습니다. 작은 마음이 주변에 대한 호기심으로 가득했고, 배우고 싶은 것들로 꽉 차 있었습니다. 세상을 배운다는 것은 빛을 밝히는 일이었고 하루하루는 특별하고 신나고 재미있었습니다. 하지만 한 살 한 살 나이를 먹고, 사회생활을 할수록 더 이상 궁금한 것도, 질문할 것도 사라져갔지요. 자기가 얻은 답이 정답이라고 믿으며 다시 묻지 않은 채 평생을 사는 경우도 있습니다.

"이미 해봤고, 가봤고, 먹어봤어, 더 이상 새로울 게 없어"

"질문한다는 건 내가 모른다는 거잖아. 나의 무지를 들키고 싶지 않아"

"새로울 게 없어. 그게 그거고, 하루하루 지나가는 일상은 당연할 뿐이야"

"주어진 답을 따라 걷는 게 안전해. 새롭게 도전하다 실패하면 어째? 시간만 낭비하는 거 아니겠어?"

새록새록 솟아나는 궁금증보다는 이런 생각들이 더 머릿속을 가득 채우고 짓누르고 있는지 모릅니다.

대한민국은 질문을 권하지 않는 사회입니다. 특히 제가 학교 다닐 때는 더 경직된 분위기였던 터라 질문을 하면 혼내는 선생님들도 있었습니다. 무언가 물어보는 학생이 있으면 그냥 외우기나 하라고 면박을 주고는 했지요. 그러니 주눅이 들어 궁금한 게 있어도 선뜻 물어보지를 못했습니다. 정말 궁금해서 물어보아도 어른들이 생각하기에 좀 엉뚱하고 귀찮다 싶으면 애초에 입을 막아버리지요. 어떤 분들은 심지어 학생의 질문을 자신의 권위에 대한 도전으로 받아들이기도 합니다.

'내가 오랜 시간 공부하고 연구한 것을 알려주었는데 감히 의문을 제기해?' '이 범위를 넘어서는 걸 알려고 해?' '쓸데없는 생각하지 말고 가르쳐주는 거나 제대로 알면 되지' 이런 생각을 하는 거지요. 돌이켜 생각해보면 자신의 권위에 자신감이 없기 때문에 더 과장된 반응을 한 게 아닌가 싶습니다. 그런 어른들의 태도에 익숙해져서인지 질문을 하면 분위기 싸하게 만드는 사람으로 찍혀 다른 친구들의 눈총을 받기도 했습니다. 궁금한 건 죄였어요.

제가 학생일 때 유독 기억에 남는 선생님이 있습니다. 그분은 수업시간마다 학생들을 쭉 세워놓고 이전 시간에 가르쳐준 내용을 물어보았습니다. 제대로 대답을 못 하는 학생들은 컵으로 머리를 맞았어요. 그때는 교실마다 주전자랑 컵이 있어서 주변이 물을 떠다놓으면 따라 마시고 그랬거든요. 그 사기 컵으로 머리를 때렸으니 얼마나 아프겠어요. 수업시간은 공포 그 자체였고, 그런 선생님에게 무언가를 물어본다는 건 상상할 수도 없는 일이었습니다. 선생님이 알려준 대로 답을 말해야 맞는 걸 피할 수 있는데 그 답에 대해 의심하고 질문을 던지는 순간 질문은 불순한 행위가 되는 거예요.

우리 교육이란 게 그랬습니다. 의문점은 접어두고 배운 걸 달달 외운 채 시험지에 정확히 적어내야 훌륭한 학생이 될 수 있었습니다. 지금은 많이 달라졌지만, 질문을 통해서 생각을 확장하고 심화하는 분위기는 여전히 요원한 것 같습니다. 그렇게 하다가는 진도를 맞출 수 없고, 정해진 시험 범위 안에서 정보를 충분히 숙지할 수 없는 게 학교의 현실이니까요. 수업을 하는 가장 큰 목표가 마치 대학입시처럼 되어 있기 때문에 질문하고 대답을 따져볼 여력이 없는 겁니다. 그러니 학생들 스스로가 질문을 비효율적인 학습 행위라고 생각하며 자진해서 철회해버리고는 합니다.

그런데 제가 고등학교 때 만난 화학 선생님은 달랐습니다. 그분은 수업 첫날 이런 말씀을 하셨습니다.

"이걸 꼭 알아둬라. 내가 지금 너희에게 가르쳐주는 것들은 너희들이 내 나이쯤 됐을 때는 거의 다 거짓말이 되어 있을 거다."

우리가 지금 배우는 지식이 고작 20년 후에 폐기될 수도 있다니 믿기지 않았습니다. 게다가 과학이 변할 수 있다는 게 이해가 되지 않았습니다. 왜 하필 저런 이상한 선생님이 우리 화학 선생님이지? 이런 생각도 했으니까요.

그런데 그분은 시험 성적으로 아이들을 평가하거나 때리지 않았습니다. 그분 입장에서도 나중에 거짓말이 될 수도 있는 것을 잘 알고 있지 못했다고 해서 혼날 일은 아닐 테니까요. 교과 내용을 잘 설명해주시면서도 아직 인간이 밝혀내지 못한 부분이나 의문을 가져보아야 할 문제 등 다양한 이야기를 해주셨습니다.

나중에 대학에 가서야 그 선생님이 하셨던 말씀의 의미를 알 수 있었습니다. 『과학혁명의 구조』 같은 책을 읽고 강의를 들으면서 과학 지식이란 절대적인 것이 아니라 당대 과학자들의 합의라는 걸 깨달았습니다. 예외적인 상황이 계속 발견되면 언제든 새로운 이론이 힘을 얻고 패러다임 자체가 완전히 뒤바뀔 수도 있다는 사실을 알게 된 거지요. 그때 저는 정말 큰 충격을 받았습니다.

우리 사회에는 대다수가 추구하는 성공 모델이 존재합니다. 그 성공 모델은 실패가 적고 안정적으로 보입니다. 그 길을 향해 의문을 제기하지 않고 걸으면 성공대열에 올라설 수 있다고 말들 합니다. 어릴 때는 공부만 열심히 하면 만족스러운 삶도 자연히 따라올 거라는 최면 속에서 남이 정해준 결승선을 향해 얼굴 양옆을 가린 경주마마냥 앞으로 달립니다. 나이가 들어서는 밥벌이 문제와 불안한 미래에 쫓겨 또 다시 앞만 보며 나아가게 되지요.

그런데 이상합니다. 결승점만 통과하면 만족스러운 삶이 펼쳐질 거라 생각했는데 그렇지가 않습니다. 결승점을 통과했다고 믿었는데 사실은 끝이 아니었던 거예요. 결승점 너머에는 더 복잡한 선택의 기로가 놓여 있고 그동안 몰랐던 세계도 펼쳐져 있습니다. 얼굴 양옆을 가리고 있던 가리개가 사라져 시야는 넓어진 것 같은데 어디로 가야 할지 막막합니다.

직선주로인 줄 알았던 나의 인생이 사실은 망망대해임을 알게 되었을 때, 많은 사람들이 우왕좌왕합니다. 그리고 곧 미루고 미뤄 왔던 질문을 마주하게 됩니다.

'나는 어떻게 살아야 할까'

'나는 나를 어떻게 할 때 만족스러울 수 있을까'

나의 인생이라는 거대한 기로 앞에 스스로에게 질문을 던집니다.

답은 틀려도 질문은 틀리지 않는다

저는 진로를 고민하는 데 많은 시간을 썼습니다. 어려서는 꿈도 많았지요. 축구 선수도 되고 싶었고, 화가가 되고 싶기도 했습니다. 방송국 피디에 도전해볼까? 기자라는 직업은 어떨까? 아니면 고시를 준비할까? 여러 가지를 생각했어요. 그러다가 고등학교 교사가 되는 길을 선택했습니다. 열심히 공부하고, 그 과정에서 익힌 것들을 다른 사람에게 전달하는 일이 제게 어울린다고 생각했거든요. 열심히 프랑스어 교사가 되는 준비 외에도 철학 공부를 부전공으로 선택해서 병행했습니다. 교사가 되어서 학생들을 가르치는 한편, 철학 공부를 심화하기 위해 대학원을 다녔지요. 그런데 시간이 지나면 지날수록, 둘 중 하나를 선택해야 하는 게 아닌가 하는 생각이 들었습니다. 좀 더 집중해서 공부를 해야 하는 것이 아닌가, 이렇게 살다가 후회하지는 않을까, 생각했지요.

그때 저는 저에게 이런 질문을 던졌습니다.

'학문을 한다는 것은 뭘까? 교수가 된다는 게 뭘까? 교사로서 학생들과 어울리면서도 학문적으로 더욱 더 성숙하는 일은 어려운가? 그것이 어렵다면, 교사직을 그만두고 학자로서 공부에만 전념해야 하는가?'

그것은 교수가 되는 길로 들어서는 직업의 전환을 의미했습니다. 그리고 일종의 모험이었습니다. 교사라는 확실한 직업을 내려놓고, 교수가 되겠다고 나서는 건데, 아무런 보장이 없었으니까요. 하지만 저는 새로운 도전을 해보고 싶었습니다. 불어교사이니 프랑스에도 가보고 싶었고, 공부도 맘껏 해보고 싶었지요. 그리고 내심 교수가 되면 좀 더 풍족하게 살 수 있지 않을까도 생각했지요. 공부를 하는 것이 개인적으로나 사회적으로나 경제적으로 꽤 괜찮은 선택일 거라 믿었습니다.

하지만 막상 교사를 그만두고 본격적으로 공부를 시작하고 보니 참으로 막막했습니다. 교수가 되는 과정은 너무나 험난했고, 학문의 경지에 이르겠다는 목표를 이루기란 요원해 보였습니다. 유학을 마치고 귀국하여 이리저리 시간강사 생활과 여기저기 비전임 연구원 신분으로 살아가는 것은 경제적으로 너무 힘들었습니다.

마음껏 공부를 할 수 있다는 것도 허망한 꿈처럼 느껴졌지요. 교사 시절보다도 더 시간이 없었고 빡빡한 일정 때문에 훨씬 더 피곤했거든요. 게다가 소위 잘나가는 친구들이 연봉과 부동산 이야기를 할 때면, 솔직히 말해서 초라해지는 기분도 들었습니다.

'내가 교사를 그만두고 공부를 선택한 것은 잘한 일일까? 이런 식으로 공부를 계속하며 학자로 산다는 게 맞을까?'

고민하며 저는 다시 한 번 저에게 물어야 했습니다.

'학문을 하며 산다는 것, 교수가 된다는 것은 무엇일까?'

이전에 던졌던 질문과 똑같은 질문이었어요. 액면은 같았지요. 그런데 똑같은 질문에 시간과 경험이 실리자 완전히 다른 무게로 다가왔습니다.

처음에 제가 내놓았던 답은 허술했습니다. 막연한 상상으로 내놓은 어리숙한 답이라고 할까요? 질문의 본질에 상당히 비껴나 있었고, 경험에서 우러나온 핵심이 결여되어 있었던 겁니다. 시간이 흐르고 나서야 공부란 책을 보고 자위하기 위한 것이 아님을, 교수라는 직업은 경제적인 면으로만 평가할 수 없음을 알게 되었습니다. 본질에 좀 더 다가선 것입니다.

우리는 질문을 던지는 시점까지의 지식과 정보, 경험을 가지고 나름의 답을 냅니다. 그리고 한동안 그 답을 가지고 살아가지요. 그러다가 그 답이 더 이상 버텨낼 수 없는 현실과 난관에 부딪히면 또 같은 질문을 던집니다. 그때 내렸던 답은 틀릴지언정 그 답을 자극했던 그때 그 질문 자체는 틀릴 리가 없으니까요. 30대 중반에 다시 질문하지 않았다면 제 삶은 달라졌을 것입니다. 다른 일을 했을 수도 있고, 같은 일을 했다고 해도 다른 삶을 살았을 거예요. 제 일에 대한 애착이나 삶에 부여한 의미가 달라졌을 테니 말입니다.

저는 지금도 젊은 시절 제가 던졌던 질문을 잊지 않고 있습니다. 학문을 한다는 건 무엇인가, 학생 앞에 선다는 건 무엇인가, 교수가 된다는 것, 교수로 살아간다는 것은 무엇인가, 조금 건방지게 말하자면, 이 시대의 지식인으로 산다는 건 어떤 의미인가, 말이지요. 지금도 때때로 꺼내 묻고 다시금 답해봅니다. 앞으로도 그렇겠지요.

묻고 답하는 일은 지금까지 말씀드린 제 직업에만 국한된 것이 아닙니다. 집에서는 남편으로, 아버지로, 자식으로 역할을 하고 친구들을 만나면 친구로서, 후배를 만나면 선배로서 저에게 요구되는 역할과 던지는 질문은 다르고 답도 다를 겁니다. 어떤 조건과 상황 속에 놓일 때마다 저는 저에게 물을 겁니다.

'나는 무엇인가?' 그리고 '무엇이 나인가?'

답을 찾았다면, 한동안 그 답을 가지고 살다가 다시 또 물을 겁니다. '나는 무엇인가?' '무엇이 나인가?'라고요. 그때의 대답은 또 달라져 있겠지요.

질문하며 살라고 이야기하면 어떤 사람들은 사사건건 묻고 따지라는 뜻으로 오해하곤 합니다. 많은 질문을 던질 필요는 없습니다. 굵직한 질문들을 끝까지 가지고 가는 것이 중요하지요. 반복해서 계속 물으며 자신의 답을 검토해가는 것이야말로 진정한 의미에서 '질문하는 삶'이라고 할 수 있습니다. 질문이 많다는 건, 단순히 질문의 개수가 아니라 굵직한 질문을 포기하지 않고 반복적으로 계속 던진 횟수의 문제이기 때문입니다.

많은 사람들이 자신이 부딪혔고 고민했던 굵직한 질문을 잊고 살아갑니다. 그 질문에 대해 자기가 처음에 내놓은 답이 정답이라고 믿으면서 다시 묻지 않은 채 평생 사는 것 같습니다. 그런데 쉬지 않고 노를 젓다가 한참 후에 정신을 차리고 돌아봤는데 잘못된 길이라면 그 황망함은 이루 말할 수가 없을 거예요.

그와는 달리 질문 자체가 쓸모없다고 믿는 사람들도 있습니다. 인생에 정답이 없다는 이유로 말이지요. 하지만 정답의 유무를 떠나 질문하기를 포기한다면 인생이라는 바다에서 어디로 노를 저어야 할까요? 이리저리 휩쓸려 움직이는 삶은 얼마나 조마조마할는지요. 물론 질문하는 삶이 답을 얻는 삶과 같다고 할 수는 없습니다. 그럼에도 불구하고 저는 질문하고, 다시 질문하고, 또다시 질문하기를 권합니다. 열심히 노를 젓다가도 이따금씩 생각하는 겁니다. '이렇게 하는 것이 맞을까? 내 답이 여전히 유효한 걸까? 또 다른 답의 가능성은 없을까?'

바람과 조류를 살피고 날씨를 가늠하며 자신이 나아가는 방향을 점검해보세요. 물에 손을 담가보고 지나가는 물고기 떼를 바라보세요. 답을 고민하는 시간이 누적될수록 시야는 넓어지고, 비록 답이 틀려 방향을 틀어야 한다고 해도 그 경험은 남은 인생을 올바르게 항해하는 힘이 될 것입니다.

저는 이 책에 존재와 죽음, 자존과 행복, 타인과의 관계 등 아홉 가지 주제를 중심으로 삶에서 중요하다고 할 만한 질문들을 실었습니다. 이는 인간의 본성과 욕망을 생생하게 담은 서양 고전이 수천 년간 우리에게 던져온 화두이기도 합니다.

"인간답게 산다는 건 무엇일까?"

"어떻게 해야 만족스러운 삶을 살 수 있을까?"

"한 사회의 일원으로서 나는 어떻게 해야 할까?"

한 개인이 자신의 굵직한 질문을 안고 살아가듯, 인류의 묵직한 물음 또한 앞선 세대에게서 이어 받아 짊어지고 역사의 첨단을 걸어가야 합니다. 이러한 오래된 질문들이 우리를 깊이 있고 밀도 있는 삶, 그리하여 풍요롭고 단단한 삶으로 이끌어 주리라 믿습니다.

김헌

차
례

어떻게 질문할 것인가?

: 팩트 체크부터 에포케까지

들어가기 전에

나는 누구인가?

: 세상을 향한 질문의 시작

첫 번째 문

인간답게 잘 산다는 것은 무엇일까?

두 번째 문

: 세상에 새겨 넣는 나의 무늬

우리는 도대체 무엇을 위해 이토록 치열하게 사는가?

세 번째 문

: 삶과 죽음의 아이러니

어떻게 살아야 만족스럽고 행복할 수 있을까?

네 번째 문

: 인생이라는 영화에서 멋진 주인공이 되기 위해

세상의 한 조각으로서
나는 무엇일 수 있을까?:
다섯 번째 문
: 개인은 미약하나 시민은 강하다

변화하는 세상에서
무엇을 준비해야 하는가?
여섯 번째 문
: 더 나은 세상을 만드는 교육에 대하여

평범한 우리들의 이야기는
역사가 될 수 있을까?
일곱 번째 문
: 역사의 발전을 위해 우리가 넘어야 할 것

타인을 이해하는 일은 가능한가?

여덟 번째 문

: 갈등을 넘어 화합으로 가는 길

잘 적응하려면
무엇을 공부해야 하는가?

아홉 번째 문

: 고전과 인생의 상관관계

들어가기 전에

어떻게
질문할 것인가?

팩트 체크부터 에포케까지

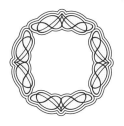

본격적인 서양 고전의 세계로 들어가기 전에 먼저 '어떻게 질문할 것인가' 생각해보면 좋겠습니다. 질문을 하는 데도 몇 가지 방법이 있습니다. 생각나는 대로 묻기만 하는 것은 의미 있는 질문이라 할 수 없지요. 질문을 던졌다면 생각을 발전시켜 답을 내릴 수 있는 데까지 이르러야 합니다.

그런데 질문을 하려 해도 무엇을 묻고 어떻게 답해야 하는지 몰라서 고민하는 사람들이 많은 것 같습니다. '이런 질문을 해도 되나' '내가 잘 몰라서 그런 건가' 스스로를 의심하는 경우도 많습니다. 그런데 알고 보면 질문의 기술이란 그리 거창하지 않습니다. 복잡한 수사어구나 논리를 따라야 하는 것이 아니라 간단한 기본만 잘 따라도 자신 있게 질문하고 답하는 데 도움을 얻을 수 있지요. 저는 이것을 '질문의 기초'와 '질문의 기본'이라 생각합니다. 우선 질문의 기초에는 사실을 확인하는 절차, 일명 팩트 체크가 필요합니다.

질문의 기초: 사실 확인

어느 날 친구에게서 놀라운 이야기를 들었다고 한다면 여러분은 어떻게 반응하시나요? 보통은 이렇게 되물을 겁니다. '정말?' 마지막에 물음표가 붙기는 하지만, 이는 질문이라기보다는 '어떻게 그런 일이!'라는 감탄사나 추임새에 가까운 말이지요. 이것이 진짜 질문이 되려면 상대의 말이 사실인지 아닌지를 규명하는 과정을 거쳐야 합니다.

A: 어제 C랑 D가 싸웠대. 그런데 C가 D를 심하게 때려서 병원까지 갔다지 뭐야.

B: 정말? 친구 사이에 어떻게 그럴 수가 있지? C가 잘못했네!

이 대화를 보면 B는 A의 이야기를 듣고 C의 잘못을 비난하고 있습니다. 그런데 A는 C와 D의 싸움을 목격한 사람이 아니라 그 싸움에 대해 들은 사람입니다. C가 D를 정말 때렸는지, D가 그 일로 인해 병원에 간 것인지, 또는 둘 다 상대방을 때려서 같이 병원에 간 것인지 정확히 알 수는 없습니다. 싸움의 원인이 D에게 있을지도 모르는 일이지요. B는 사실을 확인하지 않고 미리 그 사건에 대해 판단해버린 것입니다.

이런 일들은 인터넷상에서 많이 발견할 수 있습니다. 최근에는 인터넷을 통해 억울함을 호소하는 사람들이 많은데요. 그런 사연을 접한 사람들은 사연 속에 등장하는 상대방을 악인으로 낙인찍고 비난합니다. 한 사람 입장에서 쓰인 그 글의 진위여부를 채 파악하기도 전에 신상을 캐내서 피해를 주기도 하지요. 하지만 어떤 사건들은 얼마 지나지 않아 여론이 완전히 뒤집혀버립니다. 억울함을 호소한 주인공의 이야기가 거짓이거나 과장되었다는 사실이 드러나는 경우죠.

의외로 많은 사람들이 사실을 명확히 하는 단계를 건너뜁니다. 상대의 말을 '묻지도 따지지도 않고' 사실로 받아들입니다. 그런데 만약 그 이야기가 사실이 아닌데 마치 진실처럼 받아들여진다면 잘못 없는 사람이 피해를 볼 수도 있고, 막대한 금전적 손실을 입기도 하며, 오해나 실수를 만드는 등 잘못된 결과로 이어질 수 있습니다. 어떤 사람들은 이런 대중의 습성을 이용하여 이익을 취하려 들기도 합니다. 교묘한 편집과 눈속임으로 대중을 이용하려 드는 가짜뉴스들이 얼마나 우리의 일상을 좀먹고는 하는가요?

올바른 전제를 정립하는 것, 사실 관계를 파악하려는 태도야말로 질문하는 삶의 기본이라고 할 수 있습니다. 거짓이나 오류가 숨어 있지는 않은지, 주관적인 생각이 객관적인 사실로 둔갑한 건 아닌지, 어디까지가 사실이고 어디까지가 꾸며낸 말인지 따져보아야 합니다.

그렇다면 어떻게 사실을 확인해야 할까요? 일상에서 사실 여부를 파악하는 방법은 단순하고 투박합니다. 크게 세 가지로 나눌 수 있습니다. 첫 번째 단계는 육하원칙을 따져보는 겁니다. '누가, 언제, 어디서, 무엇을, 어떻게, 왜' 했는가를 분류해보면 주어진 정보 중에 밝혀지지 않거나 불확실한 부분을 발견할 수 있습니다. 그 부분을 파고드는 과정에서 사실 여부를 확인하는 동시에 더 디테일한 정보를 얻기도 하지요.

두 번째 단계는 사실을 입증할 수 있는 증거나 자료를 찾아보는 것입니다. 녹음 파일이나 사진, 영상이 있는지 알아보고 믿을 만한 자료인지 파악해봅니다.

마지막으로 내용 자체가 논리적으로 정합한지 알아봐야 합니다. 논리적이라는 것은 쉽게 말해 '이치에 맞다'는 뜻과도 같습니다. '모순은 없는가? 개연성이 있는가?' 묻는 것 또한 사실 확인에 도움이 되는 방법입니다.

주어진 정보의 사실 여부를 확인한 다음에는 정보 이외의 것을 알 아내야 합니다. 정보 이외의 것들에는 정보를 전달하는 화자와 그 정보를 받는 수용자의 관계, 주변 인물들과 그들을 둘러싼 상황까 지 모두 포함됩니다. 사실을 확인하는 과정이 정보의 내용만을 묻 는 것이라면 이제 정보 밖에서 그 내용을 넘어서는 질문을 던질 차 례인 것이지요. '이 사람이 왜 나한테 이런 말을 할까' '지금 무슨 일이 벌어지고 있는 걸까'를 파악하는 일이라고 할 수 있습니다.

예를 들어, 어떤 회사의 대표 A가 사원 B에게 "김 대리 말로는 박 과장이 이번 프로젝트에서 자네를 제외했다고 하던데."라는 말 을 했다고 합시다. 이때 B는 우선 A의 말이 사실인지 알아봐야 할 것입니다. 하지만 '저 말이 사실일까?'에만 매달려서는 안 되겠지 요. 여기서 더욱 중요한 건 A의 의도니까요.

A는 그저 김 대리에게서 얻은 정보가 사실인지 알고 싶을 수도 있습니다. 김 대리의 반응이 궁금해서 한 말일 수도 있지요. 아니 면 자신이 모르는 또 다른 내막을 캐내려는 것인지도 모릅니다. 혹 시 박 과장이 눈엣가시와 같아서 그를 내칠 핑계를 찾는 것은 아 닐까? 김 대리가 박 과장의 허물을 자신에게 전했다는 얘기를 슬쩍 흘리면서 두 사람을 이간질하려는 속셈일 가능성은 없을까

요? B는 인물들의 평소 관계와 회사의 상황, 가까운 시점에서 일어난 사건 등을 알아야만 답을 유추할 수 있을 겁니다.

질문이 한층 복잡해졌지요? 사실 확인을 위한 질문이 일차적인 것이라면 맥락을 읽기 위한 질문은 훨씬 포괄적입니다. 이와 같은 질문을 던지는 일은 갈수록 더욱 중요해지고 있습니다. '홍수'라는 말에 비유될 만큼 엄청나게 많은 정보들이 쏟아지고 있기 때문입니다. 무지막지한 정보 속에서 정보의 내용만 살피는 것이 아니라 그 정보가 나에게 어떤 의미인지 고민해야 합니다.

가령 교육부가 '전국 학업성취도 평가 결과'를 발표했다고 해봅시다. 이 결과에는 객관적인 수치가 담겨 있지만 어떤 기사에 활용되는가에 따라 의미는 달라집니다. 지역별 교육 격차를 비판하는 근거가 되기도 하고, 자녀를 위해 학군이 좋은 곳에서 살아야 한다는 주장을 뒷받침하는 자료가 되기도 하겠지요. 사교육 시장에서는 그 수치를 학부모의 불안감을 조성하는 데 이용할 수도 있습니다. 만약 학업성취도 평가 결과를 이용해 '강남 아이들을 따라잡으려면 국영수 선행학습에 박차를 가해야 한다'는 기사를 접했다면, 이 기사가 무엇을 근거로 이런 주장을 하는지 그 근거는 정확한지, 먼저 생각을 해보아야 합니다. 그리고 거기서 나아가 어떤 주장을 하기 위해 이 근거를 이용하는지도 따져보고, 누가 손해를 보고 누가 이익을 보는지도 가늠해 볼 필요가 있습니다.

뉴스를 비판적으로 받아들이려는 사람들이 늘고 있지만, 여전히 텔레비전과 인터넷, 신문 등을 통해 퍼지는 대부분의 정보에 대한 대중의 신뢰도는 높은 편입니다. 더군다나 자신의 정치 이념이나 사상에 맞는 방송 매체의 보도는 비판 없이 수용하는 경우가 많습니다. 정당들은 개개인의 애국심 또는 정의감을 자극하여 자신들에게 유리한 상황을 만들기도 하지요. '왜 지금 이 시점에 다른 사건이 아닌 이 사건을 보도하는가?' '이들은 뉴스를 접하는 사람들에게 무엇을 전하고자 하는가?' 이러한 점들을 파악하지 않으면 정보를 이용하는 것이 아니라 반대로 정보에 끌려다닐 수 있습니다. 정보가 아무리 정확하다 해도 정확성만큼, 아니 어쩌면 그보다도 더 중요한 것은 맥락입니다. 그런데 우리는 정보의 정확성에 현혹되어 생각보다 자주 정보를 둘러싸고 있는 이러한 맥락을 놓치고는 합니다.

그리스인들이 가치를 판단하는 3가지 방법

자, 이제 중요한 단계에 이르렀습니다. 사실을 확인하고 맥락을 파악했다면 '그 일이 나에게 어떤 의미인지, 나는 어떻게 행동해야 하는지' 판단하는 일이 남습니다.

이전의 두 단계는 객관적인 사실과 인과관계를 따져보는 작업이었습니다. 주관적인 판단이 개입할 여지가 거의 없거나 적지요. 이 마지막 단계는 개인의 가치관에 따라 주어진 정보를 받아들이고 해석합니다. 적극적 가치 판단의 단계이지요.

고대 그리스인들이 가치를 판단하고 행동을 결정하는 방법은 오늘날 우리에게 아름다운 지혜를 선사합니다. 이 방법은 아리스토텔레스가 자신의 수사학과 윤리학에서 제시한 것인데요, 그 이전에 플라톤의 작품에서 언급되기도 했습니다. 두 지혜로운 철학자로 대표되는 이 방법은 당시 그리스인들이 어떤 사태를 마주했을 때 어떤 잣대를 가지고 가치 판단을 했는지 시사점을 줍니다.

• 이익이 되는가, 손해가 되는가?

그들은 세 가지 관점에서 질문을 던졌습니다. 첫 번째는 '나에게 이익이 되는가, 손해가 되는가?'라는 질문입니다. 이를 실용적 판단 또는 경제적 판단이라고 합니다.

한 가지 상황을 예로 들어볼까요? 어느 회사의 중역 A가 사원 B를 불러 이런 말을 합니다.

"지금 우리 회사가 큰 위기에 처했네. 그래서 말인데, 자네가 중요한 일을 좀 해줘야겠어."

A는 B에게 불법적인 일에 나서줄 것을 요청합니다. 그렇게만 해준다면 높은 자리는 물론이고 엄청난 액수의 사례금을 받을 수 있

다고 이야기하지요. A의 말이 사실이며, B에게 이런 은밀한 제안을 한 것 또한 납득할 만한 이유와 정황이 있었다고 가정해봅시다. 예를 들면, 그 방법만이 회사를 살릴 수 있는 유일한 길이라고요. 불법을 저지르지 않고 정당하게 일을 처리하면 회사가 망한다는 것입니다. 일단 회사가 살고 봐야지 않느냐고 간곡하게 부탁합니다. B는 갈등에 빠집니다. 여러분이라면 어떻게 하겠습니까?

그리스인들에 따르면 B는 우선 이해득실을 따져야 합니다. A의 말대로 하면 나에게 이익이 될지 손해가 될지 생각해봐야 해요. 간단한 질문 같지만 실은 그리 단순한 문제가 아닙니다. A의 말대로 하면 큰돈을 벌 수 있겠지만 일이 잘못될 경우도 고려해봐야 하니까요. 물론 A가 B에게 법망을 피해 도망갈 루트까지 마련해준다면 얘기가 또 달라지겠죠. 만에 하나 불법이 문제가 되어 B는 감옥에 갔지만, 그 때문에 회사는 위기를 넘기고 살아났다면 어떨까요? 게다가 A가 의리를 지켜 B의 희생을 존중하고 끝까지 돌봐주고, 형이 끝난 다음에는 다시 일을 할 수 있게 해준다면, A는 자기 행동을 후회할까요?

이 첫 번째 질문은 자본주의가 팽배한 우리 사회에서 가장 지배적인 기준이 된 것 같습니다. 사소한 일에 있어서도 모두들 손익부터 계산하지요. 그래서 이익을 따르는 행위 자체를 덮어놓고 비난할 수는 없는 노릇입니다. 법을 준수하고 정의롭게 행동하겠다며 손해를 감수하는 행위를 무조건 칭찬하기도 어렵지요. 특히 생존이 걸린 문제에서는 실리를 선택하는 행위가 오히려 정당할 수도 있기 때문입니다.

· 옳은가, 그른가?

그리스인들이 가치 판단을 위해 던지는 두 번째 질문은 '옳은가, 아니면 그른가?'입니다. 이때의 판단 기준은 윤리와 도덕입니다. 첫 번째 질문과 두 번째 질문의 답이 맞아떨어지는 경우에는 그나마 판단이 수월하겠지요. 헌데 실용적 판단과 윤리적 판단이 어긋나면 갈등이 생깁니다.

B가 고민 끝에 '아무리 큰 이익을 얻는다고 해도 나쁜 일을 할 수는 없다'는 이유로 A의 제안을 거절한다면 윤리적 판단을 내린 것입니다. 흔히들 B와 같은 판단을 해야 한다고 생각합니다. 하지만 어느 쪽의 기준이 더 중요하다거나 우위에 있다고 단언할 수는 없습니다. 그런 선택을 할 수밖에 없는 상황도 있거든요. 만일 B에게 병든 부모님과 보살펴야 할 자식이 있다면 선택은 좀 더 어려워질 거예요.

개인적 차원을 넘어서면 문제는 더욱 복잡해집니다. 1992년 대한민국은 중국과 수교를 맺으면서 동시에 대만과는 단교를 해야 했습니다. 중국이 한국과 수교하는 조건의 하나로 대만과의 단교를 요구했기 때문입니다. 대만은 큰 배신감을 느꼈겠지요. 어찌 보면 그들의 말처럼 도리를 저버린 선택이라고 할 수도 있습니다. 하지만 중국과의 수교는 국가에 반드시 필요한 일이었습니다. 국제 관계에서는 자국의 이익이 무엇보다 중요합니다. 수많은 국민들의 이익, 어쩌면 생존과 삶의 질이 걸려 있으니까요.

때로는 윤리적인 판단이 처음의 예상과 달리 이익으로 이어지는 경우도 있습니다. 가상의 기업 대표 C가 회사 제품에서 유해물질이 발견되었다는 보고를 받았습니다. 그 사실이 알려진다면 고객들의 항의가 이어지고 제품은 리콜과 환불 문의가 빗발치겠지요. 그럼에도 불구하고 대표는 자신들의 실수를 발표했고 사과를 했습니다. 당연히 회사는 막대한 손해를 입었겠지요.

그런데 시간이 흐르면서 묘한 일이 일어났습니다. 소비자들 사이에서 기업 신뢰도가 상승한 거예요. 사건이 터진 당시에는 타격이 컸던 기업 이미지도 점점 좋아지기 시작했습니다. 유해물질이 발견된 사실에 불만을 터뜨린 사람들도 그 사실을 감추거나 나 몰라라 하지 않고 적절한 조치를 취한 데 대해서는 좋은 평가를 내렸던 것입니다.

만일 C가 경제적 이익만을 기준으로 선택했다면 어떨까요? 시간이 흘러 유해물질에 대한 정보가 새어나가고 그것을 숨겼다는 사실이 드러나면서 맹비난을 받을지도 모를 일입니다. 이익을 선택한 것이 오히려 커다란 손해로 이어진 셈이지요.

한편으로는 애초에 C가 굉장히 치밀했던 거라고 생각해볼 수도 있어요. 처음에는 손해가 크겠지만 장기적으로는 기업에 이익이 되리라는 계산이었을지도 모릅니다. 윤리적 판단처럼 보이지만 사실은 경제적 판단을 한 것이죠. 이처럼 인간은 전혀 다른 기준으로 똑같은 결정을 내리기도 합니다.

• 아름다운가, 추한가?

그리스인들의 마지막 기준은 가장 그리스인다운 질문입니다. 그리스인들은 가치를 판단할 때 '아름다운가, 추한가?'라는 질문을 던집니다.

플라톤의 저서 『국가』에는 이상적인 국가의 모습이 나옵니다. 아시다시피 플라톤은 철학자가 군주가 되거나, 군주가 철학자가 되어야 한다고 말했던 사람이에요. 지혜로운 자가 통치를 하고 용기 있는 자가 국방을 책임지고, 다른 모든 분야 또한 그에 알맞은 사람이 담당하여 조화를 이룰 때 비로소 국가가 정의롭게 된다고 주장했습니다.

그런데 참 재밌는 게, 플라톤은 그러한 국가를 '칼리폴리스(Kalipolis)'라고 표현했어요. 폴리스(polis)는 고대 그리스의 도시 국가를 말합니다. 앞에 붙은 칼리(Kali)는 아름답다는 말이에요. 그러니까 이상적인 국가를 강국이나 부국, 정의실현국가라는 식으로 부르지 않고 '아름다운 국가'라고 했던 거예요. 굉장히 낭만적이지 않나요? 이는 단순히 조경을 빼어나게 하고 자연 풍경을 수려하게 가꾼다는 뜻이 아닙니다.

그리스인들이 추구했던 아름다움이란 단순히 외적인 미(美)와는 다릅니다. 어떻게 보면 이익이나 윤리보다 더 상위에 있는 것처럼 보이기까지 합니다. 때때로 그러한 가치들과 부딪치기도 하고, 또 어떤 때는 도덕적이어서, 풍요롭고 여유로워서 멋지고 아름답기도 하지요.

고대 그리스에서는 전쟁터에 나가 장렬히 싸우다가 기꺼이 목숨을 바치는 이들을 영웅으로 떠받들었습니다. 나라와 가족을 위해 목숨을 바쳐 용감하게 싸우다 숭고하게 죽은 젊은이의 죽음을 '아름다운 죽음'이라고 부를 정도였으니까요. 동양에서도 이러한 모습을 찾을 수 있지요. 장수는 적에게 잡혀도 목숨을 구걸하지 않는 것이 당연하다고 하며 숭고스러운 죽음으로 여겨졌습니다. 이러한 행위는 이익이 되는 것도 아닐뿐더러 윤리적인 판단이라고 할 수도 없습니다. 참혹하고 연민스럽기도 하지만, 그런 데에서도 아름다움을 발견할 수 있다 말합니다.

이런 마음을 오늘의 우리는 어떻게 이해하면 좋을까요? 우리는 때때로 나쁜 짓을 일삼는 캐릭터에 매혹됩니다. 특히 히어로 영화에는 지독하게 악한 인물들이 자주 등장하지요. 폭력적이고 타락한 사람인데 우리는 이상하리만치 악한 캐릭터에 끌립니다. 멋지게 느껴지기도 하고요. 영화를 보는 우리들도 알고 있습니다. 악당이 저지르는 일은 범죄이고, 많은 사람들에게 손해를 끼치므로 어리석은 일이며, 현실에서 일어나서는 안 된다는 사실을요.

법과 도덕, 윤리는 인간사회에 반드시 필요한 요소이고 그것을 따라 살아야 한다는 것을 우리는 잘 압니다. 그래서 현실에서 가능해선 안 되는 일들이 가상의 공간에서 깨부숴지는 장면을 보면 일종의 쾌감을 느끼고는 합니다.

법에 어긋나지 않게 매순간 바른 선택을 하고, 손해를 보면서까지 도덕을 지키고, 자신은 상처 입어가면서까지 윤리를 따르려 하는 주인공 히어로보다, 고민이나 고뇌 없이 그때그때 원초적 선택을 하는 악당이 아름답게 느껴지는 건 왜일까요? 배트맨보다 조커가 더 멋있다고 생각하는 사람도 적지 않습니다. 이건 어쩌면 인간의 마음이 원초적인 데 끌리기 때문이 아닐까요?

아름다움이란 인간이 가장 순수하게 추구하는 가치입니다. 이유를 콕 집어 말할 수는 없지만 인간을 끌어당기는 어떤 것이지요. 이런 인간의 원초적인 마음으로 돌아가 생각을 해보면 당시의 그리스인들이 이야기한 고결한 죽음의 아름다움을 이해하는 데도 조금은 가까이 다가갈 수 있을 것 같습니다. 아테네의 지도자였던 페리클레스는 아테네 사람들의 역량과 가치관을 칭송하면서 '지혜를 사랑하며(philosophos) 아름다움을 사랑하는 사람(philokalos)'이라고 말했던 것은 주목할 만합니다.

실용적, 도덕적, 그리고 미학적 관점은 우리가 질문을 맞닥뜨릴 때 반드시 고려해야 할 부분입니다. 이익과 윤리, 아름다움 중에서 무엇을 더 중시할 것인가 하는 점은 매번 달라지겠지요. 언제나 이익만 좇을 수도, 그렇다고 도덕적인 행위만 하거나 아름다움만을 추구할 수만도 없는 일입니다.

아리스토텔레스의 『니코마코스윤리학』에는 프로네시스 (phronesis)라는 말이 나오는데요. 이는 '실천적 지혜'라는 뜻으로, 지식을 의미하는 에피스테메(episteme), 참된 지혜 혹은 성스러운 지혜를 의미하는 소피아(sophia)와는 결이 다른 개념입니다. 아리스토텔레스는 '어느 한 부분이 아니라 전체적으로 좋은 삶을 사는 것에 관하여 잘 숙고하는 사람'이 실천적 지혜가 있는 현명한 사람이라고 설명했습니다. 어느 하나에 치우치지 않고 여러 각도에서 질문을 던지며 시의적절하고 상황에 잘 맞은 답을 끌어내는 것이 바로 프로네시스이겠지요.

저는 지금도 어떤 일에 하기에 앞서서 반드시 이렇게 묻습니다. 이 일이 나에게 이득이 되는가? 법에 저촉되거나 일반적인 윤리 기준에서 벗어나지 않는가? 이 일을 하는 것이 아름다운가? 멋있지는 않더라도 최소한 추하지는 않은가? 고대 그리스인들에게서 배운 질문과 가치 판단의 기술은 21세기를 사는 저에게도 여전히 유용합니다.

혹시 에피쿠로스학파와 스토아학파를 기억하시나요? 아마 고등학교 윤리 시간에 배웠을 거예요. 에피쿠로스학파는 쾌락을 중시해서 욕망을 채워야 행복하다고 하는 데 반해, 스토아학파는 절제하는 생활이야말로 행복에 이르는 길이라고 주장하지요.

두 학파에 비해 잘 알려지지는 않았지만, 같은 시기에 퓌론이라는 사람이 이끈 '회의학파'가 있었습니다. 회의론자들은 '에포케(epoche)'라는 걸 강조했는데요. 이 에포케라는 말은 '판단 중지'라는 뜻입니다. 언제나 일관되게 옳고 그른 것도, 좋고 나쁜 것도 없으므로 매사에 성급하게 판단하지 말고 신중하게 판단을 보류해야 한다고 주장했던 겁니다. 저는 지금까지 했던 이야기에 이 에포케라는 말을 꼭 덧붙이고 싶습니다.

회의론은 자주 오해를 불러일으킵니다. 많은 사람들이 회의론자를 인생무상의 태도나 허무주의를 내세우는 사람이라고 생각해요. 하지만 그들이 말하는 '회의'란 어떠한 진리도 무조건적으로 신뢰하지는 않겠다는 태도입니다. 진리라고 믿는 것조차도 끊임없이 검토하겠다, 즉 그것이 진리라고 판단하기를 유보하겠다는 태도이지요.

사실을 확인하고, 맥락을 파악하고, 가치를 판단하는 과정에서 모든 것이 잘 맞아떨어질 때가 있습니다. 그럴 때면 우리는 저돌적이 됩니다. '다 따져 봐도 의심할 여지가 없어! 역시 답은 이것뿐이야!' 이런 생각에 거침없이 행동하기 쉬워요. 물론 그래야 할 때도 있습니다. 그리고 사람은 누구나 확실한 것을 원합니다. 후회하고 싶지 않고, 실수하고 싶지도 않기 때문에 최대한 확실한 답을 찾으려고 해요. 물론 답을 냈다면 그에 따라 행동하는 것이 당연합니다. 그런데 그 '확실한 답'은 자칫 독선이나 아집이 될 수도 있습니다. 자신의 신념으로 다른 사람을 멸시하고 핍박하는 근거가 돼요. 그걸 경고하는 사람들이 바로 회의론자가 아닌가 싶습니다. 나는 나의 답에 충실할지라도 다른 사람은 나와 다른 고민 끝에 다른 답을 내렸다는 사실을 용인하는 태도가 바로 여기에서 나옵니다.

그래서 저는 판단을 내린 후에도 에포케, 즉 판단을 멈추기를 권하고 싶습니다. 사실 여부를 다시 살펴보며, 이게 자신에게 어떤 의미인지, 이익이 되고 옳은 동시에 아름다운 일인지 한 번 더 생각해보는 겁니다. 그러면 도대체 언제 행동할 거냐구요? 판단이 선다면 신념을 가지고 행동을 하되, 독단에 빠지지 않도록 잠시 멈춰서 또다시 에포케 하라는 말씀입니다. 에포케의 습관이야말로 질문을 끊임없이 지속해나가는 힘이 될 것이며, 꿋꿋이 행동하면서도 융통성을 갖고 더 나은 길을 모색할 수 있도록 도와줄 것입니다.

첫 번째 문

나는 누구인가?

세상을 향한 질문의 시작

소포클레스는 우리에게 묻고 있습니다.
'나는 누구인가'라는 질문에 당신들은 얼마나 버텨낼 수 있는가?
소포클레스는 '나는 누구인가'라는 질문을 던졌을 때
우리가 감당해야 할 것들이 너무나 크다는 사실을 보여줍니다.
그는 이오카스테의 대사를 통해 반문합니다.
'자신을 알아야 하는가? 그게 꼭 필요한가?'

나를 바로 세우는 일

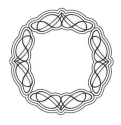

그리스 중부에는 델피(Delphi)라는 마을이 있습니다. 현재는 유명한 관광지이지만, 한때 델피는 아테네에 버금가는 도시국가였습니다. 세상의 한가운데가 어디인지 알아보려던 제우스는 독수리 두 마리를 동쪽 끝과 서쪽 끝에서 똑같은 속도로 날도록 날려 보냈고, 그 독수리들이 맞닥뜨린 곳이 바로 델피였다고 합니다.

고대 그리스인들은 델피를 세상의 중심이라고 생각했지요. 그 지점에는 '옴파로스'라는 이름의 돌이 놓이게 되었습니다. 옴파로스는 그리스 말로 '배꼽'이라는 뜻인데요, 지금도 델피의 아폴론 신전을 지나 극장으로 올라가는 길에는 이 옴파로스를 볼 수 있습니다.

고대 그리스 지방의 폴리스들은 서로 견제하며 지냈지만, 이 델피만큼은 무척 중요하게 여겼습니다. 델피는 종교의 중심지였고, 각 폴리스의 왕과 귀족들, 철학자와 현자들이 성지순례처럼 아폴론 신전을 찾았습니다. 그리고 사람들은 자신의 문제를 어떻게 해결해야 할지 모를 때 델피 신전을 찾고는 했습니다. 특히 전쟁처럼 중대한 일을 앞둔 상황에서는 반드시 그곳에서 신탁을 들으려 했지요.

아폴론 신전은 신전 자체보다도 '너 자신을 알라'라는 문구로 더 유명합니다. 이 말은 소크라테스의 명언처럼 알려져 있지만, 실은 아폴론 신전의 현관 기둥에 새겨져 있던 글이에요. 신전 입구에 '너 자신을 알라'라고 새긴 건, '내가 누구인지, 무엇을 하려고 하는지, 왜 여기에 왔는지' 다시 한 번 돌아보라는 뜻이었을 겁니다. 신전에 신탁을 듣기 위해 들어오기 전, 사람들에게 묻고 생각할 기회를 주는 거지죠. '다 생각해 봤어? 그래도 궁금해? 그러면 들어와.'라고 말입니다.

아테네의 철학자 소크라테스는 사람들에게 무언가를 가르치기보다는 끊임없이 질문을 던져가며 상대가 스스로 깨우치도록 이끄는 사람이었습니다. 산파술이라고 불리는 이 대화 방법은 상대방에게 질문을 거듭함으로써 당사자가 인식하지 못했던 새로운 생각과 사상을 낳게 하는 방법입니다. 의문을 품는 자가 스스로 지혜를 낳을 수 있도록 질문을 던졌던 소크라테스가 강조했던 말이

(위) 델피의 아폴론 신전

(아래) 아폴론 신전에 놓인 돌 옴파로스

바로 '너 자신을 알라'였습니다. 자신의 무지를 깨달아야만 비로소 진리를 얻고자 하는 의지도 열정도 생기니까요.

아폴론 신전의 신탁에 따르면 소크라테스는 당시 세상에서 가장 지혜로운 사람이었습니다. 그런데도 그는 자신이 남보다 나은 점이라고는 '내가 아무것도 모른다는 것을 알고 있는 것뿐'이라고 했습니다. 상당히 겸손한 태도로 보이는 이 말은, 자기 자신을 안다는 것이 참으로 어려운 일임을 강조하는 말이기도 하고, 또 오래 깊이 숙고한 사람만이 가질 수 있는 자신감에서 나온 말이기도 합니다. 많은 사람들이 자신에 대해 깊이 숙고해 보지 않은 채 자신을 안다고 착각하고 있거든요.

아폴론 신전에서 신탁을 듣기 전에 반드시 거쳐야 했던 말, 스스로 지혜를 깨달을 수 있도록 질문을 거듭했던 소크라테스가 강조했던 말 '너 자신을 알라'에는 세상에 맞서 살아가기 위해 우리 스스로 갖추어야 할 기본이 담겨 있습니다. 바로 나 자신을 바로 세우는 일이죠.

나에 대해 얼마나 알고 있나요?

'너 자신을 알라'라는 말은 수십 세기가 지난 오늘날에도 우리에게

46

생각할 거리를 던져줍니다. 나 자신에 대해 잘 안다고 선뜻 말할 수 있는 사람이 과연 얼마나 될까요? 아마 그리 많지는 않을 겁니다. 그럼에도 불구하고 안다고 착각하지요.

어른들은 청소년들에게 이런 말을 합니다. "꿈을 가져! 넌 무엇이든 될 수 있어!" 그런데 상당히 많은 청소년들이 어떻게 대답하는지 아시나요? "저는 꿈이 없어요"라고 합니다. 자기가 뭘 잘하는지도 모르겠고, 뭘 좋아하는지도 모르겠다고 해요. 하지만 꿈을 갖기 위해서는 자기를 깊이 들여다보고 내가 정말 좋아하는 게 뭔지, 원하는 게 뭔지, 평생 가지고 싸울 어떤 무기를 가질 것인지 고민하고 도전하고 부딪혀 보는 시간이 필요하거든요. 그런데 어른들은 말하죠. '딴 생각 말고 열심히 공부나 해! 너한테 부족한 게 뭐 있니?'

꿈은 결핍에서 오는 것입니다. 그 결핍이 주는 아픔과 그 아픔을 이겨내려는 몸부림에서 자연스럽게 피어나지요. 하지만 다른 생각할 필요 없다고 말하고 부족한 것도 없다 말하면서 무슨 꿈을 꾸라는 건가요?

비단 청소년들만의 문제는 아닙니다. 직업을 선택하고, 결혼이나 출산을 결정할 때도 마찬가지입니다. 그것이 나에게 필요한 것인지, 그 이전에 내가 정말 원하는 것인지조차 모릅니다. 희망과 꿈, 소망 같은 것들은 고민과 좌절 끝에 아픔을 겪어야만 나올 수 있거든요. 그러다 보니 주인공인 나를 제쳐두고 사회적인 시선이나 타인의 기준을 고려해요. 심지어 그것이 내가 원하는 것이라고 착각하기도 합니다.

철학자 라캉의 유명한 말이 있습니다.

"인간은 타자의 욕망을 욕망한다."

내가 하고 싶은 것들, 갖고 싶은 것들, 먹고 싶은 것들은 내가 절실하게 결핍을 느끼면서 갈망하던 것들이 아니라 다른 사람들이 원하는 것들인지도 모릅니다. 남들이 다 하니까, 다들 하나씩은 가지고 있으니까, 꼭 가봐야 할 맛집이라고들 하니까, 다들 가는데 나만 안 가면 뒤처지는 것 같으니까 뒤따라 하게 됩니다. 남들이 좋다고 하는 것들이 내가 정말 좋아하는 것보다도 더 좋아 보일 수 있어요. 나도 그래야 할 것 같다는 묘한 압박감을 느끼기도 하고요. 내가 욕망하는 것들은 정말 내 절실한 결핍에서 비롯된 욕망인 걸까요?

'나'의 내면을 파악하는 책, '나'를 중심에 놓고 살아가는 방법을 알려주는 책들이 서점가에서 인기를 얻는 현상은 이러한 우리의 모습을 반영하고 있는 듯합니다. 그런데 이런 책들은 '나'를 알 수 있다 강력하게 이야기하지만 사실 따져보면 '내'가 진정한 '나'를 찾는 방법을 실존적으로 통렬하게 알려주기보다는, 다른 사람들이 흔히들 말하는 '나 되기', 다른 사람들이 보기에 그럴듯한 평가를 들을 수 있는 또 다른 일반적인 편견을 소개하는 데 그치는 경우가 더 많습니다. 진정한 나를 찾기보다는 겉으로 그럴 듯해 보이는 나를 만들어내는 거지요. 여전히 내면은 갈망과 허전함을 떠안은 채로 말이죠. 나는 정말 나 자신을 찾고 싶은 것일까요, 아니면 다른 사람들이 칭찬하고 부러워하는 모습을 갖고 싶은 것일까요?

'내가 누구인가'를 묻게 되는 순간

몇 년 전, 취업 문제를 다룬 다큐멘터리를 본 적이 있습니다. 한 출연자는 모두가 부러워할 만한 대기업에 입사했다가 그만둔 사람이었습니다. 퇴사 이유는 높은 연봉만큼이나 센 업무 강도와 지나치게 수직적인 조직 문화였습니다. 위에서 내려오는 명령과 지시에 따라 일을 하다 보니 일에 치이면서 '나'는 없고 일만 있다는 것, 내가 일을 위해 무자비하게 소비되고 있다는 생각에 숨이 막힐 것 같았던 겁니다. '내가 왜 이렇게 살고 있을까? 이렇게 사는 게 잘 사는 건가?' 의문이 일었고 그곳에서는 도무지 그 답을 찾을 수 없었습니다. 그는 결국 그곳을 떠나 자기에게 잘 맞는 새로운 일을 시작했고, 수입은 많이 줄었으나 큰 만족감을 얻었습니다. 출연자의 아버지는 여전히 아쉬운 눈치였어요. 애써서 좋은 회사에 들어간 아들이 제 발로 그곳을 나오니 이해가 되지 않았겠지요. 그러나 주인공은 자신이 원하는 삶의 방식을 찾아서 다행이라고 말했습니다. 이런 시행착오를 거치는 사람들이 참 많습니다. 자기 자신에 대해서 아는 게 별로 없다가 뒤늦게 깨닫거든요.

제 주변에는 이런 경우도 있습니다. 여자 분이었는데, 역시 대기업에 취업하여 다른 사람들의 부러움을 한껏 샀지요. 결혼을 하고 예쁜 아이를 갖자, 일과 아이를 키우는 일을 함께 하기 쉽지 않은 상황에 놓이게 되었어요. 우리나라 기업들의 노동환경과 문화를 탓하며 개선을 위한 투쟁을 할 수도 있겠지만, 그렇게 싸우다가 시간을 흘려보내면 나의 아이, 나의 가정과 함께 하는 삶을 잃을 것이 두려워 그냥 일을 그만두었어요. 중학교, 고등학교, 대학교 내내 공부하며 목표로 삼았던 꿈에 그리던 직장인데, 그것을 얻으면 탄탄대로 행복할 것만 같았는데, 막상 결혼을 하여 가정을 이루고 아이와 함께 하다 보니 세상이 달리 보였던 거예요. 행복의 조건에 대해서도 많은 생각을 하게 되고 무엇이 중요한가를 새삼 깊이 통찰할 수 있었던 겁니다. 결국 일을 그만두고 아이와 함께 지내는 삶을 선택했어요. 집에서 부모님께, 학교에서 선생님들에게, 사회에서 수많은 사람들이 말해주던 행복을 좇아 30년을 넘게 치열하게 살았는데, 생각해 보지 않은 문제적 상황에 처하자 삶을 철저하게 다시 보게 되었던 겁니다.

그 반대의 경우도 있습니다. 소박한 마음으로 중소기업에 취직

했다가 너무나 많은 한계를 느껴 큰 기업에 새롭게 도전하려는 사람도 있습니다. 도전하는 마음으로 패기 있게 창업을 했다가 여러 번의 실패를 겪고서 안정적인 체계와 조직, 자금력을 갖춘 대기업으로 자리를 옮기는 사람도 있고요. 애초부터 많은 사람들이 선망하는 대기업을 목표로 준비하고 많은 난관을 뚫고 당당히 합격해서 어렵고 힘든 과정을 이 악물고 헤쳐 나가며 돈과 명예를 거머쥐는 사람들도 있습니다.

우리는 문제 상황에 부딪쳐야 비로소 의문을 느끼는 경향이 있습니다. 인생이 평탄할 때는 흐르는 물에 몸을 맡긴 듯 자연스럽게 흘러가지요. 다들 괜찮다고 하는 길, 좋아 보이는 것을 선택하는 건 쉽습니다. 커다란 고민이 필요하지 않지요. 내가 무엇을 원하고 좋아하는지, 절망 앞에서 내가 어떻게 일어서는지 겪어본 적 없고 생각해본 적 없는 사람이 문제 상황에 부딪치면 거대한 방황과 두려움에 직면하게 됩니다. 비로소 의문을 품고 질문을 던지게 되는 것입니다.

질문이라는 게 그렇습니다. 평소에도 수시로 질문을 던지며 그것을 붙들고 살면 참 좋을 것 같은데, 보통은 안 그래요. 삶이 무난하게, 또는 정신없이 흘러가는 동안에는 의문을 가질 필요성을 잘 느끼지 못하거든요. 사는 게 마음대로 잘 안 될 때면 그제야 정신이 바짝 들면서 질문을 던집니다. 친구가 뒤에서 내 욕을 하거나 동료가 나를 모함하는 일이 생기면 인간관계에 대해 심각하게 생각하게 됩니다. 가족 때문에 고통스러우면 도대체 가족이 뭔가 싶어요. 공부하기 싫을 때는 왜 공부를 해야 하는지 궁금하고, 대학 생활에 적응이 안 되면 대학의 의미를 묻게 되지요. 그리고 어떤 문제든 왜 이렇게 힘든지, 무엇이 나를 힘들게 하는지 알아보다 보면 결국 '나는 누구인가'라는 근본적인 질문에 다다릅니다.

내가 누구인지 묻는 행위는 '나는 어떤 사람이고 싶은가' 그리고 '나는 어떻게 살 것인가' 하는 고민으로 이어집니다. 내가 원하는 사람이 되어 내가 바라는 삶을 사는 데 있어 꼭 필요한 질문인 거예요. 또한 이런 질문들은 그 영역이 점점 확장되기 마련입니다.

'나는 무엇을 좋아하는가'라는 질문은 '사람은 꼭 무엇을 좋아해야 하는가'라는 질문으로 이어지거든요. '나는 대학에 가야 할까?' 하고 묻다 보면 '누구든 대학에 가야 하는 걸까? 대학에 가야만 성공할 수 있을까? 사람들이 말하는 성공은 무엇일까? 꿈을 이루는 게 성공이라는 것일까? 반드시 무엇인가가 되는 것이 꿈이라고 할 수 있을까? 꿈을 갖는다는 것은 어떤 의미일까?' 하는 식으로 질문이 이어지고 답을 찾아나가는 과정에서 여러 층위로, 다양한 방향으로 생각이 뻗어나갈 수 있습니다.

나에 대한 성찰은 결국 인간이란 무엇인가, 어떻게 사는 것이 인간다운 것인가, 라는 문제와 연결되는 것 같습니다. '나는 누구인가'라는 질문이 중요한 이유는 그것이 인간이라는 존재에 대한 질문의 시작점이기 때문입니다.

　그런데 여기쯤 생각해보았다면 궁금해집니다. 내가 무엇을 좋아하고 싫어하는지, 또 잘하거나 못하는지 알면 내가 누구인지 안다고 할 수 있는 걸까요?

'내가 아는 나'와 '남이 보는 나' 사이에서

대부분의 사람들은 성격이나 취향 같은 것으로 자신을 설명할 수 있다고 믿습니다. 그런데 '나는 누구인가'라는 질문은 그리 단순하지 않습니다. 이성보다 감성을 중시한다, 외향적이다, 혼자 하는 일을 좋아한다는 등의 이야기만으로 '나는 이런 사람이야'라는 결론을 내릴 수는 없거든요. 그런 면을 아는 것도 무척 중요하지만 그건 개인적인 차원의 이야기입니다.

'나는 누구인가'라는 질문에는 여러 층위가 있습니다. 다른 사람과의 관계 안에서 존재하는 '나', 즉 타인이 보는 '나'의 모습도 있거든요. '내가 아는 나'와 '남이 보는 나'는 다릅니다. 비슷한 부분도 있겠지만 완전히 같을 수는 없지요. 어떤 경우에는 그 격차가

깜짝 놀랄 만큼 커서 충격을 받기도 하지요. 그 괴리감 속에서 우리는 또다시 '나는 누구지?'라는 질문을 맞닥뜨리게 됩니다.

　－ 이번 일은 정말 너답지 않았어.
　－ 나다운 게 뭔데?

드라마 같은 걸 보면 인물들이 이런 대사를 주고받으며 옥신각신하는 장면이 심심치 않게 나옵니다. 사전에 따르면 '～답다'라는 말은 '성질이나 특성이 있음'을 뜻합니다. 즉 나답다는 말은 나라는 사람의 성질이나 특성이 있다고 이야기하는 것이지요. 남들이 '나다움'에 대해 이야기하면 정말 드라마 대사 같은 생각이 불쑥 듭니다. 나다운 게 뭘까? 내가 저 사람에게는 정말로 그렇게 보이는 걸까? 왜 그렇게 보이는 걸까? 혹시 저 사람이 말하는 나다움이 정말 나의 성질과 특성일까?

고시생 A가 어느 날 비싼 밥을 사먹었다고 해봅시다. 그 사진을 SNS에 올렸더니 지인들이 이런 댓글을 달았습니다. '웬일이야? 너답지 않네!', '오늘은 분식집 아니고 레스토랑이야?' A는 평소 자신을 '쓸데없는 돈은 쓰지 않는 사람'이라고 생각했어요. 그런데 지인들의 반응을 보고 나니 이런저런 생각이 드는 거예요. 혹시 내가 짠돌이였나? 절약한다고 했던 행동들이 남들에게는 구차하게 보였던 걸까? 즉, 자신이 어떤 사람인지 다시 고민하게 되는 것이죠.

그 결론에 따라 A의 반응과 대응도 달라질 겁니다. 자신에 대해 오해하는 지인들과 거리를 둘 수도 있고, 이전과 행동을 달리함으로써 지인들에게 비치는 자신의 모습을 바꿀 수도 있지요.

사람의 이미지는 생각보다 쉽게 결정이 됩니다. 예를 들어 B라는 사람이 중국집에 갈 때마다 짬뽕을 시켰다면 주변 사람들은 B를 짬뽕만 먹는 사람이라고 인식할 거예요. 그러다가 B가 짜장면을 시키면 누군가가 이렇게 말할지도 몰라요. "B는 짬뽕 아니었어?" 쉽게 말해서 짜장면을 주문하는 건 B답지 않다고 생각하는 거죠.

그런데 B는 이렇게 대답을 합니다. "아니야, 나도 항상 짜장면을 먹고 싶었어." 실제로 B는 짬뽕만 먹는 사람이 아닐 수도 있어요. 사실은 짬뽕과 짜장면을 비슷하게 좋아하고, 주문을 할 때마다 짬뽕과 짜장면 사이에서 끊임없이 갈등하는 사람이었던 거예요. 본인이 생각하는 B의 모습과 주위에서 생각하는 B의 모습이 그런 식으로 다른 셈이죠.

그렇다면 짬뽕과 짜장면을 비슷하게 좋아하는 B와 짬뽕을 더 좋아하는 B 중에서 어느 쪽이 진짜 B에 가깝다고 할 수 있을까요? B가 아는 B의 모습이 남이 보는 B보다 더 정확할까요?

짬뽕과 짜장면이라는 가벼운 소재로 이야기를 해보았지만, 실제로 우리의 모습이 이렇습니다. '나'의 안에는 수많은 '나'의 모습이 있고, 거기에다가 남이 보는 '나'까지 더해지면 나라는 사람이 누구인지 답하기란 더욱 어려워집니다. 한 사람의 정체성은 내면만으로 결정되는 것이 아니라 겉으로 표현되는 모습 또한 포함하기 때문입니다.

내면보다 외면이 더 중요한 경우가 적지 않다는 것은 '나'의 정체성 문제를 더욱 어렵게 만듭니다. 하지만 그 점에 주목하면 의외로 좋은 결론에 이를 수도 있습니다.

다른 사람에게 비치는 나의 모습 또한 상대나 상황에 따라 계속 달라집니다. 집에서의 모습이 다르고, 학교와 직장에서의 모습이 달라요. 누구를 만나든 항상 똑같이 행동하는 사람은 없어요. 그렇게 해서도 안 될 것입니다. 어린 시절 친구를 대하듯 직장 상사를 대한다면 회사생활이 꽤 피곤해지겠지요. 일로 만난 사이처럼 가족들을 대할 수도 없을 거예요. 부장님이 여직원에게 '오빠처럼 생각해'라고 했다가는 큰일 나지요.

사람은 누구나 다면적입니다. 다만 특정한 사람과의 관계 속에서 그 사람에게 꺼내야 할 패를 일관성 있게 내보일 뿐이에요. 다른 사람에게 내가 어떻게 보일지 고려하면서 의도적으로 자기 자신의 모습을 선택하고 적절하게 드러냅니다. 때로는 그러려고 애쓰지 않는데 자연스럽게 되기도 하고요. 이건 이중성이 아니라 인간관계에서 꼭 필요한 부분입니다. 복잡다단한 내면을 잘 정리해서 내놓지 않는다면 오히려 예측 불가능하고 종잡을 수 없는 사람이 될 테니까요. 어쩌면 그렇게 정리된 '나'야말로 이 세상에서 살아가는 데 있어 가장 중요한 부분일지도 모릅니다.

내가 의도하지 않은 나의 모습

'나는 누구인가'라는 질문은 이처럼 개인적 차원에서 시작해 관계적 차원으로 향합니다. 모든 사람에게는 '내가 아는 나'뿐만이 아니라 '남이 보는 나'도 있으며, 우리는 나름의 노력을 통해 타인의 눈에 비치는 자신의 모습을 만들어나간다고 이야기했지요. 그런데 '나'에게는 내가 의도하지 않은 모습도 있습니다. '나는 누구인가' 라는 질문을 가장 복잡하게 만드는 문제이기도 하지요.

저는 커피를 참 좋아해서 식사 후에는 습관처럼 커피를 마십니다. 향도 좋고 맛도 좋지만, 따뜻한 커피를 앞에 두고 앉아 있는 그 시간이 특히 좋더라고요. 어쩐지 마음이 편안해진다고 할까요?

그런데 언제인가 커피 농장의 현실에 대한 기사를 읽었습니다. 세계에서 두 번째로 커피를 많이 수출하는 나라의 이야기였는데요. 커피 농장에서 일하는 노동자들이 극심한 노동착취에 시달리고 있다는 내용이었습니다. 더욱 중요한 건 그중 3분의 1이 미성년자라는 사실이었어요. 그 아이들은 돈이 없어 학교에 가지 못하고 뙤약볕에서 일을 합니다. 그렇게 종일 일하고도 고작 1~2달러를 받는다고 합니다. 우리가 마시는 커피 값의 절반도 되지 않는 돈이지요.

　매일 커피를 마시면서도 저는 그런 현실을 잘 모르고 있었습니다. 커피를 마시는 일은 저에게 그저 한가로운 일상일 뿐이었어요. 이제는 그 여유가 누군가의 땀과 눈물 덕분임을 알고 있습니다. 한 아이가 조그마한 손으로 주운 커피 열매들이 지금 내 눈앞에 있는 커피 한 잔이 된 것이지요.

　그러고 나서 생각해보니 제 의도와 상관없이 저로 인해 벌어지는 일들이 참 많더라고요. 그동안 제가 먹고 입고 사용한 모든 것들은 쓰레기가 되어 땅과 바다, 공기를 오염시켰을 것입니다. 그러고 싶었던 적은 단 한 번도 없지만, 사는 동안 환경을 파괴하고 오염시키는 일에 가담하고 있는 거예요. 인간으로서 생존해 나가는 것 자체가 지구에는 해가 되는 일이겠지요.

　학창시절에는 공부를 너무 열심히 해서 민폐를 끼쳤는지도 모릅니다. 여러 학생들이 경악할 만한 얘기지만 저는 어릴 때부터 책 읽고 공부하는 게 참 좋았어요. 그런데 제가 공부를 하면 할수록 괴로웠던 친구들도 있지 않을까요? 예를 들어 어떤 친구들은 너는 왜 저렇게 공부하지 않느냐고 부모님이나 선생님한테 혼이 나거나 비교를 당했을지도 몰라요. 그리고 제가 일등을 했을 때 이등, 삼등을 한 친구들은 속이 상했을 거예요. 저도 저보다 공부를 잘하는 친구로 인해 패배감을 느낀 적이 있거든요.

저는 커피가 좋아서 커피를 즐겼을 뿐이고, 공부가 재밌어서 열심히 한 것뿐이에요. 환경을 해치기는커녕 보호하고 싶은 사람이기도 합니다. 하지만 뜻하지 않게 누군가를 힘들게 했고 주위에 좋지 않은 영향을 끼치기도 했어요. 오만방자하게도 그동안 다른 사람들에게 덕을 끼치며 사는 편이라고 생각했는데 실은 그렇지 않았던 거예요.

오늘날 내가 누리는 평안의 일부가 타인의 희생을 바탕으로 얻은 것임을 깨달았을 때 저는 '나는 누구인가'라는 질문에 다시 부딪히게 됐습니다. 개인적 차원에서의 '나'는 물론이고, 타인과의 관계에서의 '나' 또한 어느 정도는 파악을 할 수 있고 원하는 방향으로 조절하는 일이 가능합니다. 하지만 마지막 단계는 그렇게 하기 어렵습니다. 다른 사람을 힘들게 하는 나를 아는 것도, 그런 상황을 바꾸는 것도 말이지요.

커피를 마실 때마다 죄책감을 가지라거나 마시지 않아야 한다는 뜻이 아닙니다. 제가 커피를 마시지 않는다고 해서 커피 농장의 아이들이 노동에서 해방되는 것은 아니니까요. 커피 소비량이 갑자기 준다면 그 아이들은 적은 돈이나마 벌 수 있는 기회마저 잃을지도 모릅니다. 이런 일들은 간단하게 해결할 수 없고, 대책을 세우기도 쉽지 않습니다. 그러나 커피를 소비하는 우리가 그러한 현실을 아는 것과 모르는 것은 분명 다릅니다.

인간은 사는 동안 끊임없이 타인에게 영향을 미칩니다. 우리가 사는 세상은 너무나 복잡하게 얽혀 있기 때문에 내 행동의 여파가 주변뿐 아니라 지구 반대편에 살고 있는 사람이나 생물들에게도 닿을 수 있어요. 의도하지 않았더라도 다른 존재를 힘들게 할 수 있습니다. 그러나 대부분은 그 사실조차 모르고 살아갑니다. 굳이 알려고 하지 않고, 때로는 알면서도 애써 외면합니다. 그걸 비난할 수는 없을 거예요. 범죄를 저지르는 것도 아니고 일부러 하는 행동도 아니니까요. 하지만 나의 악의 없는 행동이 누군가에게는 아픔이 될 수도 있는 현실을 인식하고 그들의 아픔을 헤아리는 마음이 필요하지 않을까 싶습니다.

스스로를 마주하는 일의 무게

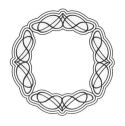

오이디푸스는 그리스 신화에 등장하는 인물 중에서도 특히 유명합니다. 아버지를 죽이고 어머니와 결혼하는 오이디푸스의 운명은 무척 강렬한 인상을 주는데요. 아마 사람들의 머릿속에 신화는 잔인하고 자극적이라는 생각을 심어준 대표적인 주인공일 것입니다. 프로이트는 유아기의 남성이 무의식적으로 어머니에게 성적 애착을 가지며 아버지를 경쟁자로 인식한다는 학설을 발표하면서 그 현상에 '오이디푸스 콤플렉스'라는 명칭을 붙이기도 했지요.

저에게 있어 오이디푸스는 불확실한 자아정체성의 상징과 같은 인물입니다. 그는 평생 '나는 누구인가'를 물었던, 그리고 물을 수밖에 없었던 사람이에요.

오이디푸스는 원래 테베의 왕자였습니다. 테베의 왕 라이오스와 왕비 이오카스테 사이에서 태어났지만 버림을 받았어요. 이유는 다름 아닌 신탁 때문이었습니다. 사실 오이디푸스에 대한 예언은 그가 태어나기도 전에 내려진 것이었어요. 아이가 생기지 않아 고민하던 라이오스는 신탁을 받기 위해 신전을 찾았고, 나중에 태어날 아들이 자신을 죽이고 자신의 아내를 취할 것이라는 무시무시한 말을 들었습니다. 라이오스가 할 수 있는 일은 아내를 멀리하는 것뿐이었어요. 하지만 술에 취한 라이오스는 아내와 잠자리를 같이 했고 열 달이 지난 뒤 아들이 태어났습니다.

후회스럽기 짝이 없던 라이오스는 신탁의 저주를 지우기 위해 아기의 발목에 못질을 한 뒤 양치기를 불러 아기를 버리라고 명령합니다. 아이를 죽이려는 것이었죠. 그러나 마음 약한 양치기는 차마 아이를 죽도록 그냥 버릴 수 없었어요. 때마침 만난 코린토스의 양치기에게 아기를 넘겨주었고, 그 양치기는 코린토스의 왕 폴리보스에게 아기를 데려갔습니다. 자식이 없어 고민하던 폴리보스와 그의 아내 메로페는 그 아기를 친 아들처럼 감쪽같이 키웠지요. 그리고 오이디푸스라는 이름을 붙여주었어요. 오이디푸스가 고대 그리스 말로 '퉁퉁 부은 발'이라는 뜻이거든요.

오이디푸스는 자기가 코린토스의 왕자인 줄 알고 자랐습니다. 그런데 장성해서 아폴론 신전에 갔다가 끔찍한 신탁을 듣고 맙니다. 자신이 아버지를 죽이고 어머니를 범할 사람이라는 거예요. 자기의 기막힌 운명을 알게 된 오이디푸스는 코린토스를 떠나기로 결심합니다. 아버지를 죽일 수 없고 어머니를 범해서도 안 되기에 그 두 사람과 최대한 멀어지기로 한 것이죠.

오이디푸스의 결단은 아주 고결한 것이었습니다. 패륜을 저지르지 않기 위해 자신이 가진 모든 걸 버린 셈이잖아요. 왕자로서의 기득권과 이후에 주어질 왕의 자리까지 포기했으니 굉장히 선하고 용감한 일이었지요. 역사 속에는 왕위에 오르기 위해 아버지가 빨리 죽기를 바라거나 나서서 아버지를 몰아내거나 심지어 암살하는 왕자들이 얼마나 많았나요? 그에 비하면 오이디푸스는 정말 고결한 품성을 가진 사람처럼 보입니다.

홀로 길을 나선 오이디푸스는 코린토스와 반대 방향인 테베 쪽으로 향했습니다. 그런데 가는 길에 한 노인 일행과 시비가 붙어서 그 일행을 죽였지요. 우여곡절 끝에 테베에 도착했는데, 그때 테베에는 스핑크스라는 괴물이 큰 골칫거리였습니다. 스핑크스는 지나가는 사람들에게 수수께끼를 내고는 그 답을 맞히지 못하는 사람을 잡아먹어버렸어요. 오이디푸스는 수수께끼를 모두 풀고 스핑크스를 물리칩니다. 순식간에 테베의 영웅이 되었어요. 마침 왕의 자리가 비어 있어서 오이디푸스가 테베의 왕에 올랐습니다. 과부인 왕비와 결혼해서 자식들도 낳았지요.

오이디푸스는 자신이 큰 성취를 이뤘다고 생각했어요. 모든 것을 내려놓고 왔는데 오히려 왕이 됐잖아요. 죄를 저지르지 않기 위

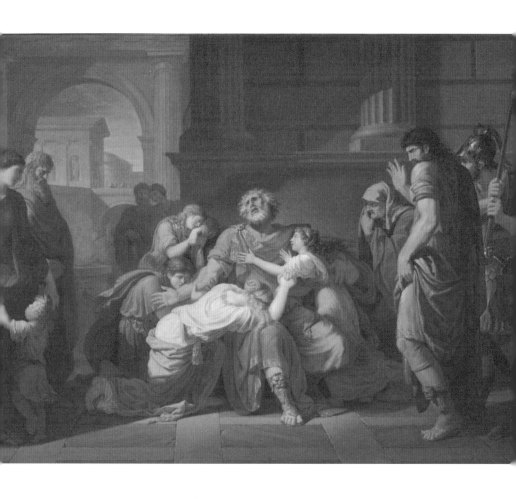

베니녜 가녜로, 「신께 자녀들을 맡기는 눈 먼 오이디푸스」, 1784년, 스톡홀름국립미술관

해 주어진 운명을 피해서 떠난 자신의 결단이 굉장히 자랑스러웠을 것이고, 도덕적으로 올바른 그 결단 덕분에 자신에게 행운이 찾아왔다고 믿었을 것입니다.

오이디푸스가 승리감에 취해 있을 때 테베에는 원인 모를 전염병이 퍼지기 시작했습니다. 오이디푸스는 난관을 헤쳐 나가기 위해 신전으로 사람을 보냈지요. 그리고 라이오스 왕을 죽인 자를 찾아내어 상응하는 벌을 내려야만 역병이 멈출 것이라는 신탁을 받았습니다.

오이디푸스는 라이오스의 살인범을 반드시 찾아내 처단하겠다고 큰소리를 쳤어요. 그런데 범인을 찾는 과정에서 놀라운 진실이 그 윤곽을 드러내기 시작합니다. 오이디푸스가 테베로 오는 길에 살해했던 사람이 라이오스이며, 그가 바로 오이디푸스의 친아버지라는 사실이 밝혀진 것이죠. 그 순간, 오이디푸스가 자신이 누구인지를 진짜로 알게 되었습니다.

고대 그리스의 정치가이자 비극으로 유명했던 시인 소포클레스의 작품 『오이디푸스 왕』은 이 순간의 이야기를 다루고 있습니다. 오이디푸스가 아버지를 살해하고 어머니와 결혼했다는 사실이 밝혀지려는 그 순간부터 시작이 되거든요. 오이디푸스 신화에서 가장 극적인 부분이기도 합니다.

『오이디푸스 왕』에서 이오카스테는 사건의 진상을 캐는 오이디푸스에게 제발 그만하라고 간청합니다. 오이디푸스가 자신의 아들임을 어느 순간 불현듯 눈치 챘던 것이죠. 하지만 오이디푸스는 이오카스테의 말을 듣지 않습니다. 오히려 비꼬는 말을 해요. 내가 비렁뱅이의 자식처럼 비천한 신분일까 봐 그러느냐고 이오카스테를 쏘아붙이며 계속해서 진실을 쫓습니다. 그러자 이오카스테는 탄식을 내뱉습니다.

"아아, 불쌍한 분! 제발 자기가 누구인지 알게 되지 않기를!"

이오카스테의 바람과 달리 오이디푸스는 자신이 라이오스와 이오카스테의 아들임을 알게 됩니다. 그리고 그렇게도 피하고 싶었던 신탁 그대로 아버지를 죽이고 어머니를 취했던 사실을 번개를 맞은 것처럼 순식간에 깨닫게 되었죠.

그것은 이오카스테도 마찬가지였습니다. 급기야 그녀는 자살을 하고, 큰 충격에 휩싸인 오이디푸스는 자신의 두 눈을 찌릅니다. 저승에서 부모님을 만나면 차마 쳐다볼 면목이 없다는 이유였습니다. 그리고 왕으로서 백성들 앞에 서서 자신만만하게 공언했었는데, 이 사실을 알게 된 그들의 안타까워하는 눈길을 마주칠 수가 없었던 겁니다.

소포클레스는 우리에게 묻고 있습니다. '나는 누구인가'라는 질문에 당신들은 얼마나 버텨낼 수 있는가? 소포클레스가 활동하던 기원전 5세기에 그리스에서 최고의 지혜는 바로 '너 자신을 알라'에 대한 답, 그러니까 자기 자신을 아는 것이었습니다. 그런데 소포클레스는 '나는 누구인가'라는 질문을 던졌을 때 우리가 감당해야 할 것들이 너무나 크다는 사실을 보여줍니다. 그는 이오카스테의 대사를 통해 반문합니다. 자신을 알아야 하는가? 그게 꼭 필요한가? 너 자신의 진실을 감당할 수 있는가?

오이디푸스는 자기도 모르는 사이에 엄청난 재앙을 일으켰어요. 그가 원한 것은 아니었지만 그의 행동은 자신도 모르는 사이에 수많은 사람을 불행하게 만들었습니다. 오이디푸스 같은 사람은 자기 자신을 모르고 사는 게 차라리 좋을지도 모르겠습니다. 혹시 우리도 그렇지 않을까요?

진짜 '나'를 대면하는 것은 굉장히 고통스러운 일인지도 모릅니다. 내가 인정하고 싶지 않은 부분마저도 받아들여야 하고, 다른 사람들에게 보이는 나의 모습까지 알아야 합니다. 가장 힘든 점은 때때로 자신이 의도하지 않은 일마저 책임을 져야 한다는 것입니다.

그럼에도 불구하고 '나는 누구인가'를 꼭 알아야 할까요? 소크라테스 같은 현자마저도 자기 자신을 제대로 몰랐다는데 왜 그 어려운 일을 해야 하는 걸까요? 오이디푸스의 일화처럼 자기 자신을 아는 것이 행복으로 이어지는 것도 아니고, 오히려 크나큰 불행에 빠질 수도 있는데 구태여 그래야 하는 이유가 뭘까요?

개인적 차원에서 나 자신을 파악하는 일, 다른 사람과의 관계 속에서 남에게 보이는 내 모습을 알고 일관성 있는 모습을 만들어가는 일은 살아가는 데 있어 무척 중요합니다. 내가 의도하지 않은 나의 모습을 아는 것도 마찬가지라고 봅니다.

앞서 말한 것처럼 매일 커피를 마시는 저의 사소한 행위조차도 다른 사람들에게 영향을 미칩니다. 좋은 점도 있겠지요. 지역경제가 활성화된다거나 열심히 일하는 카페 사장님이 노동의 대가를 돌려받는 데 보탬이 될 수도 있어요. 하지만 커피 농장에서 일하는 어린아이들에게는 별 도움이 되지 않거나 오히려 노동 강도만 높이는 악영향을 미칠 가능성도 있습니다.

'나는 누구인가'를 여러 층위로 묻다 보면 불편한 현실도 보게 됩니다. 그렇지만 그로 인해 저는 제가 가본 적이 없는 먼 나라의 아이들에 대해 생각해볼 기회를 얻어요. 그 아이들을 위해 단돈 만 원이라도 기부해야 하는 이유를 찾을 수 있는 거예요.

공부도 그렇습니다. 나 한 사람 잘되자고 다른 사람들을 이기려고 드는 것이 아니라 그 경쟁에서 뒤처진 사람도 바라볼 수 있다면 사회평등과 분배의 정의를 실현하는 데 공헌하며 사는 사람이 될 것입니다.

내가 누구인지 안다고 착각하지 말라

오이디푸스는 자기 자신을 잘 안다고 생각했을 거예요. 자신을 용감한 사람이자 불세출의 영웅이라고 믿었겠지요. 부모에게 불순하고 불량한 폐를 끼치지 않고자 왕자라는 지위를 과감하게 버렸고, 가진 것 없이 떠났고, 길을 막으며 시비를 거는 일행을 손봐주었고, 위기에 빠진 테베 사람들을 구했으니까요.

하지만 사실 오이디푸스는 아는 게 별로 없었습니다. 자신이 누구의 아들인지 몰랐고, 자신이 해한 사람이 누구인지도 몰랐어요. 그러면서 라이오스 왕을 죽인 범인을 반드시 잡아서 처단하겠다고 선언했습니다. 스스로 눈을 찌른 오이디푸스의 행동은 그 약속을 지킨 것이기도 합니다. 자기가 뱉은 말이 또 다른 족쇄가 된 셈입니다. 오이디푸스는 '자신을 알아서'가 아니라 '자신을 잘못 알아서', 즉 '자신을 안다고 착각해서' 비극적인 결말을 맞이한 것 아닐까요?

성급한 확신은 불행의 씨앗이 됩니다. 그 사실을 잘 보여주는 인물이 바로 리디아의 마지막 왕 크로이소스입니다.

크로이소스는 대부호의 상징이라고 할 수 있어요. 왕이 되자마자 그리스의 도시국가들을 정복해서 영토를 넓히고 막대한 부를 쌓았는데요. 서양 사람들은 지금도 재산이 아주 많은 사람을 크로이소스에 빗대어 말하곤 합니다. '크로이소스만큼 부유한'이라는 뜻의 관용어구가 있을 정도예요.

그런 크로이소스가 어느 날 솔론을 만났습니다. 아테네의 정치가 솔론은 지혜로운 사람으로 명성이 자자했습니다. '솔론의 개혁'으로 우리나라 교과서에도 실린 인물이지요. 크로이소스는 자기가 가진 엄청난 보화를 솔론에게 보여주고는 세상에서 가장 행복한 이가 누구냐고 물어봅니다. '크로이소스입니다'라는 대답이 나오기를 바란 거지요. 그런데 솔론은 다른 사람 이름을 댔습니다.

크로이소스는 다시 물었어요. 그럼 세상에서 두 번째로 행복한 사람은 누구냐고요. 하지만 이번에도 원하던 대답이 나오질 않았어요. 세 번째, 네 번째로 행복한 사람도 크로이소스가 아니었습니다. 크로이소스는 슬슬 기분이 나빠졌어요. 솔론의 입에서 나오는 인물은 아무리 생각해도 자기보다 행복할 것 같지가 않거든요. 게다가 이미 죽은 사람들이었습니다. 크로이소스는 솔론에게 따졌습니다.

"나는 몇 번째쯤 되는 거요? 이렇게 가진 게 많고 엄청난 영토를 다스리며 강력한 권력을 휘두르는데도 세상에서 가장 행복

그러자 솔론은 아직 알 수 없다고 합니다. 세상에는 돈보다 소중한 것이 있으며, 지금의 행복이 언제까지 갈지 모른다고 이야기해요. 행불행은 살아 있는 동안이 아니라 다 산 다음에 판단할 수 있다는 뜻이지요.

그런데 솔론의 말을 증명하듯 크로이소스에게 불행이 닥치기 시작했습니다. 아끼는 아들이 죽고, 페르시아와의 전쟁에서 패하기까지 해요. 전쟁을 일으킨 사람은 다름 아닌 크로이소스였습니다. 페르시아가 세력을 확장하면서 메디아 왕국을 합병했는데, 메디아의 왕이 크로이소스의 매부였거든요. 그러니까 매부의 복수를 하겠다며 나선 거예요.

그리스의 역사가 헤로도토스가 자신의 저서 『역사』에 기록한 바로는 크로이소스 또한 전쟁을 일으키기 전 신탁을 받았다고 합니다. 델피 신전의 사제는 이렇게 예언했습니다. 당신이 전쟁을 일으키면 큰 나라가 망한다. 그러자 크로이소스는 페르시아가 망한다는 뜻으로 '알고' 크게 기뻐했습니다. 하지만 패한 쪽은 리디아였습니다. 즉, 신탁에 언급된 큰 나라는 페르시아가 아니라 리디아였던 것입니다.

화형당할 처지에 놓인 크로이소스는 거대한 장작더미 위에 묶인 채 솔론을 떠올렸습니다. 다행히 죽음은 면했는데요. 전설에 따르면 아폴론 신이 자신의 이름을 부르며 울부짖는 크로이소스를 불쌍히 여겨서 비를 내려줬다고 해요.

오이디푸스와 크로이소스는 우리에게 확신의 위험성을 알려주고 있습니다. 확신은 우리가 중심을 잡고 살아가는 데 꼭 필요한 것이기도 하지만, 그와 동시에 우리를 안주하고 엉뚱한 길로 가게 하거든요. 내가 누구인지 알고 있다는 생각은 우리로 하여금 더 이상 스스로의 모습과 행동에 대해 질문을 던지지 않게 만듭니다.

'나는 누구인가'라는 질문에도 섣불리 답을 내리며 단정하고 확신하기에 앞서 끊임없이 판단을 중지하는 '에포케'가 필요합니다. 판단을 중지하고, 다시 한 번 묻고 확인하는 과정에서 우리는 '나'의 진짜 모습을, 의식하지 않은 부분까지도 생각하며 살 수 있을 것입니다. 그러면 큰 낭패는 면할 수 있지 않을까요? 그래서 저는 고대 그리스인들이 주는 지혜, 그중에서도 소크라테스와 소포클레스가 강조한 두 가지를 함께 기억하려 합니다.

너 자신을 알라. 너 자신을 안다고 착각하지 말라.

2

두 번째 문

인간답게
잘 산다는 것은
무엇일까?

세상에 새겨 넣는 나의 무늬

밭과 도로와 집을 보면서 '인간이란 무엇인가' 생각해본 적 있나요?
인간의 무늬들이 모두 타지마할이나 앙코르와트 사원처럼
아름답거나 문화적으로 커다란 가치를 지닌 것은 아닙니다.
그러나 도로, 골목길, 밭, 건물 등 우리 주위에는
인간의 무늬들이 저마다 새겨져 있습니다.
이 무늬들은 인류가 지금껏 질문을 던지고
나름의 답을 해온 기록이라 할 수 있습니다.

거대한 세계관이 시작된 곳

저는 오랜 시간 그리스로마 신화와 고대 그리스 비극에 대해 강의를 해왔습니다. 그러면 많은 사람들이 이런 의문을 가집니다. "왜 그리스로마 신화인가?" 여기에는 두 가지 의미가 있습니다. 첫 번째는 문자 그대로 왜 '그리스 신화'나 '로마 신화'가 아니라 '그리스로마 신화'라고 묶어서 이야기하느냐는 거예요.

여러분이 알다시피 그리스와 로마는 같은 나라가 아닙니다. 신화 또한 따로 발전했습니다. 실제로 그리스에서 발생한 신화도 있고 로마에서 발생한 신화도 있습니다. 그 두 신화가 한데 섞이게 된 건 기원전 3세기경의 일입니다.

기원전 4세기에 그리스에는 위대한 정복자가 나타났습니다. 바로 알렉산더 대왕이지요. 알렉산더 대왕은 영토를 어마어마하게 확장해서 소위 그리스 제국이라 할 만한 나라를 건설했습니다. 그때 로마는 작고 보잘것없었지요. 두 나라는 그때까지 별다른 교류를 하지 않았습니다. 일찍이 그리스가 이탈리아 반도 남쪽과 시칠리아 섬의 동쪽에 주로 해안에 여러 식민도시를 건설했지요. 그리스는 이탈리아 북부나 내륙으로 진출할 생각이 없었기 때문에 로마와 적극적이고 활발한 교류를 했다고 보기는 어렵습니다. 한편 로마는 자기 몸 추스르기도 바빠서 남쪽으로 내려가 세력을 확장할 상황이 아니었거든요.

알렉산더 대왕이 죽은 뒤 그가 이룩한 거대한 제국은 크게 네 개의 나라로 나뉘고, 시간이 지나면서 모두 쇠퇴했습니다. 반면 이탈리아 중부의 조그만 도시에서 시작된 로마는 점점 팽창하지요. 결국 로마는 그리스 본토를 침략합니다.

그리스를 정복한 로마인들은 굉장히 놀랐어요. 그리스의 문화가 너무 멋졌던 겁니다. 물론 로마도 법과 제도가 발달하고 도로와 건축물을 만들어 도시를 정비하는 등 훌륭한 능력을 갖추고 있었습니다. 게다가 군사력도 강했지요. 표면적인 것들에선 로마가 그리스에 뒤쳐진다 할 수 없었으나, 그리스에는 로마가 갖추지 못한 것이 있었으니 바로 정신적인 면에서 상당히 앞서 있었다는 점입니다. 아름다움을 사랑하던 그리스인들은 예술과 철학을 즐기고 문학과 연극의 형식 속에서 신화를 이야기했습니다. 낭만이 있고 멋이 있었지요.

로마는 그리스를 열심히 배우고 모방하기 시작합니다. 단순히 따라 한다기보다는 어떻게 해서든지 이겨보려는 마음으로 그리스 문명을 수입해요. 그리고 점점 그리스를 닮아갑니다. 로마 고유의 신화도 조금씩 지워지면서 상당 부분이 그리스 신화와 유사하게 변하지요. 이런 까닭에 '그리스로마 신화'라고 붙여서 말하곤 합니다.

"왜 그리스로마신화인가"라는 질문이 갖는 두 번째 의미는 이렇게 해석될 수 있을 겁니다. 왜 지금 우리가 그 옛날 먼 곳에서 탄생한 그리스로마 신화를 알아야 할까? 이것을 종교와 세계관으로 믿고 따르던 사람들은 다 죽고 지금은 하나도 없는데, 이것이 우리에게 무슨 의미가 있을까? 그리스로마 신화의 가치에 관해 묻는 거예요.

첫 번째 대답은 간단합니다. 그리스로마 신화는 일단 재미있습니다. 기발하고 황당하고 신기한 내용들이 가득합니다. 다른 재미있는 이야기들도 그렇겠지만, 이걸 읽고 있으면 삶의 시름 같은 걸 잠시 잊게 돼요. 책이 도피처가 되는 거지요. 그런데 저는 그것도 나쁘지 않은 것 같아요. 도피처에서 잠시 쉬고 나면 현실로 돌아가서 열심히 살 수 있는 힘을 얻게 되거든요. 그런 점에서 저는 그리스로마 신화의 의미를 깊이 따지면서 생각하기 전에 재미있다면 일단 읽어보아라, 이렇게 말하고 싶어요. 다른 고전, 그리고 동양의 고전도 마찬가지라고 봅니다. 나를 힘들게 하는 일상을 떠나 신기한 곳으로 먼 여행을 떠나는 거지요.

다른 측면에서 그리스로마 신화의 가치를 들여다본다면, 그것이 바로 서구 문명의 뿌리라는 것입니다. 서양에서는 그리스로마 신화가 약 2800년 전부터 문자화되어서 지금까지도 열심히 읽히고 있어요. 계속 전승해왔고, 앞으로도 그럴 것입니다. 물론 한때는 기독교가 그리스로마 신화를 버리기도 했고, 과학기술이 발달한 현대에는 이 신화의 내용을 진짜라고 믿지 않지요. 하지만 그리스로마 신화가 갖고 있는 상징적인 의미와 교훈적 가치는 인류의 역사와 함께 오래도록 전해 내려오며 퇴색하지 않는 것 같습니다.

언어의 뿌리를 들여다보면 그리스로마 신화가 우리 삶 속에 얼마나 깊숙이 들어와 있는지 알 수 있습니다. 우리가 오늘날 사용하는 용어 중에는 그리스로마 신화의 영향을 받은 것이 많습니다. 가령 알면 위험해지는 비밀 등을 이를 때 판도라의 상자라는 말을 많이 쓰는데요, 여기서 판도라는 그리스로마 신화에 나오는 최초의 여인인데 인간을 벌하기 위해 제우스가 만들어서 세상에 보낸 불행의 씨앗이지요. 자기 자신에게 애착하는 일을 정신분석학적

용어로 나르시시즘이라 부르는데, 이 용어도 그리스로마신화에서 자기 자신과 사랑에 빠져 죽음에 이르는 나르키소스에서 유래되었습니다. 이 외에도 소포클레스의 오이디푸스 왕 이야기에서 비롯된 오이디푸스 콤플렉스, 사람들을 놀라게 한 목축과 수렵의 신 판(pan)에서 유래된 패닉(panic), 불멸의 여신 프시케(pshche)에서 비롯된 정신의학(psychiatry) 등 수많은 용어들이 그리스로마 신화에서 비롯되었습니다. 태양계의 행성 또한 그리스로마 신들의 이름을 갖고 있습니다. 금성은 영어로 비너스인데, 비너스는 아름다움의 신이에요. 목성인 주피터는 제우스신을 가리킵니다.

우리가 주변에서 쉽게 접하고 사용하는 브랜드들도 그리스로마 신화에서 따와 함축된 의미를 표현하기도 합니다. 피로회복제 박카스는 술과 추수의 신 박쿠스(bacchus)에서, 음료 암바사는 올림푸스 신들의 음식 암브로시아(ambrosia)에서, 시리얼은 곡식의 여신 데메테르의 로마식 표기 케레스(ceres)에서 따왔지요. 나이키, 아마존, 헤라 등 기업들의 브랜드 네이밍에 그리스로마 신화는 주요한 요소가 됩니다.

서구 문명을 파고 들어가면 거기에 그리스로마 문명이 있고, 그 핵심에는 신화가 있습니다. 신화적 사유와 상상력이 고대 그리스로마 문명의 상당 부분을 만들었거든요.

서양 사람들은 어려서부터 그리스로마 신화를 많이 익히고 즐기고 공부하며 자랍니다. 그들에게 신화 이야기는 상식처럼 여겨지고 머릿속에 세상의 토대로 남아 있습니다. 새로운 개념도 익숙한 그리스로마 신화로 풀이하며 세상을 신화의 이야기를 바탕으로 이해하는 것이지요. 오늘날 우리는 여러 나라의 사람들과 소통할 수밖에 없는 세계화 시대를 살고 있습니다. 교류를 하는 직업을 가져야만 소통하고 영향을 받는 것이 아니라, 일상의 곳곳에서 이뤄지지요. 이러한 때 서양의 세계관, 상상력의 기반을 이해할 때만이 교류의 대상인 서양과 어떤 방식으로 접근할 것인가에 커다란 힌트를 얻을 수 있습니다.

진실 같은 거짓말의 세계와
거짓말 같은 현실 세계

하지만 신화가 늘 환영 받는 무한한 상상력의 세계였던 건 아닙니다. 신화를 가르쳐서도 안 되고 사회 곳곳에 퍼지는 걸 경계해야 한다고 주장한 사람이 그 옛날 그리스에도 있었으니 바로 소크라테스입니다.

소크라테스의 제자인 플라톤은 연극 대본처럼 쓴 자신의 저서에서 대부분 소크라테스를 주인공으로 내세웠습니다. 플라톤의 대표적인 저서라고 할 수 있는 『국가』도 그렇습니다. 국가는 전 세계 어느 나라의 대학에서든 필독서로 지정되어 있는 중요한 고전입니다. 보통 고전에 대해 이렇게 말하지요. 모두가 칭찬하지만 좀처럼 읽을 수 없는 책. 『국가』가 딱 그런 책입니다.

『국가』는 플라톤이 자기가 생각한 이상 국가, 칼리폴리스(아름다운 나라)를 그려낸 작품이라고 할 수 있어요. 책 속에서 소크라테스는 아름다운 나라를 만들기 위해서는 어떻게 해야 하는가, 라고 질문을 던집니다. 대화는 아름다운 나라를 만들기 위해 어떻게 아이들을 가르쳐야 하는지 교육의 문제에 초점이 맞춰집니다.

소크라테스가 말하는 교육은 크게 두 가지로 나뉩니다. 몸을 위한 교육과 영혼을 위한 교육이 그것인데요. 몸을 튼튼하게 하는 교육은 체육이라고 할 수 있겠지요. 소크라테스는 영혼을 위한 교육이 먼저라고 이야기하는데, 그중 하나로 시가(詩歌) 교육을 강조합니다.

시가는 그리스 말로 무시케(mousike)라고 해요. 무시케는 무사(mousa)와 이케(ike)가 합쳐진 말인데요. '이케'는 기술이라는 뜻이기 때문에 무시케는 '무사의 기술'이라는 의미가 되지요. 무사는 영어식으로 말하면 '뮤즈'(Muse), 즉 예술과 학문의 여신이고, 그들의 기술 무시케는 '뮤직'(Music)입니다.

고대 그리스의 대표적인 두 시인 호메로스와 헤시오도스는 항상 이 무사 여신을 언급하며 글을 시작합니다. 『일리아스』 첫 부분을 호메로스는 "진노를 노래하라, 여신이여!" 하거든요. 이 여신이 바로 무사 여신이에요. 시인들이 무사 여신을 부르는 데는 이런 사연이 있습니다. 무사 여신들은 제우스와 제우스의 고모(그리고 이모)뻘인 므네모시네 사이에서 태어났습니다. 므네모시네는 '기억'이라는 뜻이에요. 제우스는 시간의 신인 아버지 크로노스를 물리치고 권력을 손에 넣었으니 '시간을 이겨낸 신'이지요. 따라서 그 사이에서 태어난 무사 여신들은 '시간을 극복하는 기억'을 의미합니다. 그러니까 무사 여신은 인간들이 보지 못하고 기억할 수도 없는 옛날의 모든 이야기들을 정확하게 전달해줄 수 있는 신들이라고 할 수 있습니다. 그러니 시인들이 자기가 보지 못한 신들과 영웅들의 이야기를 노래할 때, 무사 여신들을 부를 수밖에요.

헤시오도스는 원래 양을 치는 목동이었습니다. 그의 저서 『일과 나날』을 보면 자신이 어떻게 시인이 되었는지에 대해 써내려간 부분이 있어요. 어느 날 헬리콘 산에 간 헤시오도스가 무사 여신을 만났다고 해요. 무사 여신은 헤시오도스를 혼내는데, 인간들이 먹고사는 일에만 정신이 팔려 있다는 이유였습니다. 그러면서 이렇게 말했대요.

"우린 알지. 진실과도 같은 많은 거짓을 말할 줄. 우린 알지.
우리가 원한다면 진실을 노래할 줄도."

즉, 진실도 얘기해주고 진실 같은 거짓말도 얘기해준다는 거예

헤시오도스의 『일과 나날들』의 첫 부분의 그리스 원문 필사본(MS Gr 20), 1500~1525년에 이탈리아에서 제작요. 이야기에는 두 가지가 있어요. 진짜인 이야기가 있고, 허구적인 이야기가 있습니다. 전자는 역사 같은 것이겠지요. 허구적인 이야기는 문학을 말하는데, 그리스에서는 이걸 미토스라고 표현했습니다. 진실 같은 거짓말, 즉 사실은 아니지만 진실을 담은 허구가 바로 문학이고 신화입니다.

무사 여신은 헤시오도스에게 신비로운 목소리를 주면서 너는 딴짓하지 말고 신들을 찬양하라고 명령합니다. 시를 시작하거나 끝마칠 때는 무사 여신을 꼭 언급하라는 말도 덧붙였다고 해요. 무사 여신의 말을 들은 헤시오도스는 양치기를 그만두고 시 짓는 일에 평생을 바치기로 결심했습니다. 그 뒤로 신화 이야기를 쓰면서 신의 계보를 설명한 『신통기(神統記)』 같은 작품을 남겼지요.

아까 잠깐 말씀드린 것처럼 무시케는 현대어로 말하면 뮤직(music)이지만 당시에는 그냥 음악이 아니었던 거예요. 시와 역사 같은 모든 이야기를 포함한 포괄적인 의미였습니다. 그러니까, 시가 교육이란 한마디로 이야기 교육을 말합니다. 소크라테스는 이야기 교육이 중요하다고 말했던 것이죠. 그러면 호메로스나 헤시오도스의 이야기를 가르치라는 것일까요? 그건 아닙니다.

소크라테스는 아무 이야기나 들려주면 안 된다고 말해요. 시인들을 잘 감독해서 아름다운 이야기를 쓰는 사람들만 남기고 거짓을 쓰는 자들은 쫓아내자고 합니다. 그들이 쓴 것들은 가르쳐서도 안 된대요. 그러면서 언급하는 대표적인 시인들이 바로 호메로스와 헤시오도스입니다. 소크라테스는 서슬 퍼렇게 이야기해요. 내가 그분들을 존경하긴 하는데 애들한테는 그들이 지은 이야기를 가르치면 안 돼, 라고 말이지요.

소크라테스가 보기에 그들의 이야기 속에 등장하는 신들이 너무 못된 거예요. 예를 들면, 헤시오도스가 쓴 『신통기』에는 신들의 역사가 그려져 있어요. 처음에 세상을 다스린 것은 대지의 여신 가이아였습니다. 그런데 가이아가 하늘의 신 우라노스를 낳고 높이 띄우고 남편을 삼자, 우라노스는 어머니를 누르고 권력을 빼앗았어요. 그리고는 자식들이 대들지 못하도록 가이아의 뱃속에 가두었지요. 그러자 자식들 가운데 시간의 신인 크로노스가 아버지 우라노스를 거세하고 권력을 빼앗습니다. 하지만 크로노스도 결국 자식인 제우스에게 쫓겨나는 꼴이 되지요. 한마디로 말해서 그리스 신화는 '친부살해(patroktonia)'의 전통으로 가득 차 있습니다.

도대체 그리스 신들의 역사라는 게 불량하기 짝이 없어요. 자식들이 아버지를 쫓아내는 이야기로 줄줄이 이어지지요. 이런 이야기를 아이들이 듣고 자란다면 어떻게 될까요? 부모와 어른을 공경하지 않고 대들 거잖아요. 부모들은 또 어떤가요? 자식들이 대들까 봐 무서워서 자신의 틀에 가두지요. 우라노스는 자식들이 너무 건장하고 힘이 세자 땅속에, 즉 가이아 여신의 뱃속에 집어넣지요. 크로노스는 아예 자기가 직접 집어 삼켜 자기 뱃속에 가둬둬요.

이런 이야기들이 사회 곳곳에 퍼지면 가정에도 사회에도 국가에도 질서가 잡힐 수 없다고 소크라테스는 끌탕이었어요. 당연히 헤시오도스의 시를 가르치지 말라고 금지한 거죠. 소크라테스는 진실 같은 거짓말의 세계가 현실 세계를 어지럽힐까 봐 걱정이었던 거겠지요. 이는 소크라테스만 했던 고민은 아닙니다. 제가 강연에서 신화에 담긴 잔혹하고 비극적인 이야기들을 말하면 많은 분들이 놀라고는 합니다. 보통 신화를 밝고 희망차고 아름다운 이야기로 가득하다고 많이들 생각하기 때문이지요. 도덕성이라곤 없는 것 같은 이야기들도 알아야 하는 이유가 있는 걸까요?

인간의 민낯과 본성을 마주할 용기

그리스로마 신화와 비극에는 잔혹한 장면이 많이 나옵니다. 읽다 보면 배신과 죽음, 절망이 난무하지요. 언젠가 학부모를 대상으로 비극에 관한 강연을 한 적이 있는데 어떤 분이 "이렇게 잔인한 이야기를 학생들이 읽어야 하나요? 교육적으로 좋은가요?" 하고 물으시더라고요.

학부모나 학생들을 위한 강의가 아니어도 저는 가끔 그런 질문을 받습니다. 그때마다 저는 그것이 인간의 본성이자 인생의 민낯이기도 하다는 말씀을 드리고는 합니다. 그리스로마 신화에서는 신들 못지않게 인간들도 사악하고 불량합니다. 호메로스의 영웅 서사시에 등장하는 영웅들도 우리가 흔히 생각하는 영웅의 이미지와는 거리가 멉니다. 정의롭고, 불의를 참지 못하고, 선하고 약한 자의 편에 서는 영웅이 아니라 성질 고약하고 고집 세고, 탐욕스럽고 감정에 휩싸여 폭력을 행사하기 일쑤지요. 이들의 이야기가 아이들의 교육에 도움이 될까요?

그런데 뒤집어 생각해 보면 권선징악 스토리나 교훈적인 결말, 실제 인간상과 동떨어진 이상적인 주인공의 모습만이 읽는 사람에게 좋은 영향을 미치는 걸까요? 아닙니다. 현실은 그것과 다르니까요. 소크라테스나 플라톤 같은 사람들이 굉장히 이상적인 인간에 관해 이야기를 했다면 호메로스나 헤시오도스의 이야기 안에는 말해지지 않는 인간의 뒷면이 담겨 있어요. 그걸 읽다 보면 삶의 비참, 내 안의 악이나 어리석고 가식적인 군상, 폭력적인 역사 등 외면하고 싶은 진실을 마주하게 됩니다. 하지만 어느 순간에는 직면할 수밖에 없고, 또 직면해야 할 진실들이지요.

우리가 사는 세상이 아름답기만 한 것은 아닙니다. 인간이라는 존재도 그렇습니다. 사람이 꽃보다 아름답다고들 하지만, 사실 그런 부분만 있는 건 아니거든요. 선하게 살아온 사람도 상황에 따라 악한 마음을 먹을 수 있어요. 누구나 때로는 치사하거나 비열한 생각을 할 수 있습니다. 다른 사람을 미워하기도 하고, 그 사람이 잘되지 않기를 바라기도 합니다. 탐욕과 욕정에 짐승처럼 행동하기도 하지요. 행동으로 드러내지 않아도 마음 깊은 곳에 음흉하게 똬리를 틀고 있어서 이성과 절제의 미덕으로 다스리지 않으면 어느 날 불쑥 맹수처럼 튀어나올 수 있지요.

그리스 신화에 따르면 인간이 처음부터 악했던 것은 아니라고 합니다. 헤시오도스의 『일과 나날』을 보면 인류의 역사를 다섯 단계로 구분하는데요. 각 단계마다 특정한 종족이 있습니다.

크로노스가 세상을 지배하던 시기에는 제우스와 그 형제자매인 올림포스 신족이 인간을 만들었다고 해요. 그들을 '황금의 종족'이라고 합니다. 황금의 종족들에게는 법이 필요하지 않았습니다. 노동을 하지 않아도 사방에 곡식과 열매가 풍성해서 탐욕을 부리는 자가 없었어요. 모두가 서로를 아끼며 사랑하니 항상 즐겁고 평화로웠습니다. 늙지도 않고, 불행이나 고통이 무엇인지도 몰랐다고 해요. 성서로 말하면 에덴동산 같은 느낌인 것이죠.

다음에 나타난 것이 은의 종족입니다. 이때부터는 제우스가 인간을 만들었다고 해요. 은의 종족이 사라진 뒤에는 청동의 종족이 나타났습니다. 황금의 종족이 나타난 이후로 은, 동으로 어쩐지 점점 퀄리티가 떨어지는 것 같죠? 실제로 이들은 황금의 종족들과 달랐어요. 타락한 인간들은 서로 다투기 시작했고, 신을 제대로 숭배하지도 않았습니다. 결국 화가 난 제우스가 대홍수를 일으켜 인간들을 멸망시킵니다.

그런데 청동 종족 다음에 네 번째 종족이 그들과 섞이어 태어났습니다. 이들은 유일하게 금속이 아닌 다른 이름을 갖고 있습니다. 그들을 영웅 종족이라고 불러요. 우리가 신화를 통해 접한 헤라클레스나 페르세우스, 아킬레우스들이 바로 여기에 속하지요. 그들의 가장 큰 특징은 바로 반신반인(半神半人)이라는 점입니다. 신들은 원래 인간을 천대했었는데, 어느 날부터인가 인간에 대해 매력을 느끼고 사랑의 욕망을 느꼈던 모양입니다.

신과 인간 사이에서 태어난 그들은 신과 가까운 능력을 가진 동시에 인간이라는 태생적 한계를 지닙니다. 신의 영역을 넘보고 신과 같은 존재가 되기를 열망하지만 인간의 한계에 부딪혀 신이 될 수 없기에 비극적으로 추락할 수밖에 없는 존재인데요.

헤시오도스는 테베 전쟁과 트로이아 전쟁 이후 영웅들이 사라졌다고 썼습니다. 아마도 신들이 인간들에 대해서 더 이상 성적인 매력을 느끼지 않았나 봐요. 그 뒤에 지금의 인류라고 할 수 있는 철의 종족이 생겨납니다. 다른 말로 하면 인간들이 합리적 사고를 시작하면서 신의 아들이라는 존재를 믿지 않게 된 것이지요. 영웅들의 이야기는 모두 전설이 되었습니다.

철의 종족, 그러니까 오늘날의 인류는 우리가 알다시피 틈만 나면 전쟁을 벌입니다. 그러니까 그리스 사람들은 시간이 흐르면서 세상이 더 험악해지고 인간들도 포악해진다고 보았던 것 같아요. 이런 생각이 헤시오도스의 시에 드러나 있는 거지요.

재미있는 사실은, 아이들에게 신화를 가르치지 말라고 했던 소크라테스와 플라톤도 호메로스와 헤시오도스를 읽고 자랐다는 것입니다. 그런데 잘못되기는커녕 훌륭한 철학자가 됐어요. 그럼에도 소크라테스와 플라톤이 그런 신화를 아이들에게 가르치지 말라고 주장한 이유는 탐욕이나 두려움 같은 부정적인 감정보다 합리적 이성을 중시하고 추구해야 한다는 믿음 때문이었을 것입니다.

로고스, 사람을 사람답게 하는 것

플라톤은 『파이드로스』에서 인간의 마음을 마차에 비유합니다. 마차를 끌고 있는 건 두 마리의 말인데, 한 마리는 혈통이 좋은 말이며 다른 한 마리는 미천하고 말을 잘 안 듣는 말입니다. 나쁜 말이란 아주 부정적인 감정을 뜻하는 것이겠지요. 플라톤에 따르면 이말들을 잘 다루어 이끄는 마부가 바로 이성(理性)입니다. 이성은 인간을 다른 동물과 구별시켜주는 특성으로, 서양에서 말하는 '인간다움'의 바탕이라고 할 수 있습니다.

　우리 사회에서 말하는 인간다움은 의미가 좀 달라요. 우리는 보통 되먹지 못한 사람에게 '저놈은 사람도 아니야'라고 말합니다. 먹고사느라 주변 사람에게 소홀하거나 경조사를 챙기지 못하면 스스로 '사람 노릇 못하고 산다'며 자책하기도 하지요. 자식이나 부모, 선후배, 친구, 제자로서 해야 할 역할을 제대로 하지 못할 때 변명조로 하는 말입니다. 그러니까 우리에게 사람 노릇하고 사는 것, 즉 사람다움이란 대체로 인간관계를 전제로 합니다. 그 속에서 마땅히 해야 할 바를 하는 것이 인간의 도리이자 사람다움이라고 생각하는 겁니다.

그런데 서구에서는 인간다움을 다른 각도에서 규정했어요. 이성적이고 합리적인 사고의 힘을 갖추어야 문명과 문화를 누리며 사람답게 살 수 있다고 믿었습니다. 그것이 부족하면 인간은 야만과 미개의 상태에 머물러 있는 것이라고 생각했어요. 이러한 생각은 이성적이고 합리적인 사람들이 미개한 사람들을 계몽해야 한다는 오만으로 이어졌고, 서구인들이 다른 지역을 식민지화하는 사상적 근거가 되기도 했습니다.

이제 그런 시대는 지났지만, 여전히 서구의 합리주의는 위세를 떨치고 있습니다. 당장 우리만 봐도 우리 고유의 사람다움, 인간 노릇을 구현하는 관습들은 비합리적이고 불합리하다는 이유로 사라지거나 그 모양을 달리하고 있으니까요.

고대 그리스인들은 이성을 로고스(logos)라고 했습니다. 원래 로고스는 '말'이라는 뜻입니다. 그것은 인간의 특성이면서 동시에 인간에게 그런 특성을 부여한 신의 특징이기도 하지요. 많은 그리스의 철학자가 신을 로고스로 설명하곤 하는데, 특히 헬레니즘 시대의 스토아 철학자들이 그랬어요. 그들은 신을 곧 로고스라고 생각했으니까요. 이런 생각은 고스란히 기독교 전통으로도 이어지지요. 신약 성서 『요한복음』의 첫 구절을 보면 이런 말이 나옵니다.

'맨 처음에 말씀이 있었다'

여기서 말씀이 바로 로고스입니다. 뒤에 이어지는 구절들을 보면 로고스는 '신과 함께' 있었으며 '말씀이 곧 신'이라고 합니다.

원문의 의미를 살펴보면 로고스는 신을 지향하고, 신과 함께 있으며, 신과 일치하는 것입니다. 로고스를 통해 모든 것이 생겨났고, 이 세계는 로고스 없이 생겨나지 못합니다. 세계는 로고스를 통해 파악할 수 있는 것입니다. 한마디로 세계는 로고스인 것, 곧 합리적인 것이지요.

그런데 신은 자신의 모습을 본떠 사람을 만들었어요. 구약성서 『창세기』에는 신이 "우리의 모습에 따라 닮도록" 사람을 만들고 "그들이 바다의 물고기와 하늘의 새와 가축과 온 땅과 땅에 기는 모든 것을 다스리게 하자"는 구절이 있습니다. 신의 모습을 닮는다는 건 육체적인 형상만을 뜻하는 것은 아닙니다. 인간은 신의 가장 본질적인 속성, 즉 로고스를 닮아야 합니다. 이성(logos)적인 생명체가 바로 성서가 보여주는 인간의 모습입니다.

앞에서 말씀드렸지만, 이러한 생각은 비단 기독교의 것이 아니라 무척 그리스다운 것이기도 합니다.

"로고스의 능력을 가진 생명체가 있으니, 그 하나는 신이고,
다른 하나는 인간이다."

아리스토텔레스의 말입니다. 앞서 언급한 성서의 내용과 무척
비슷하지요? 기원전 헬레니즘의 전통이 서기 1~2세기 기독교가
성립하는 과정에 스며들었을지도 모를 일입니다.

신도 로고스이고, 세계도 로고스를 따라 만들어졌으며, 인간도
로고스를 가진 존재입니다. 고로 인간은 로고스의 능력만 잘 사용
하면 신과 세계를 파악할 수 있습니다. 피타고라스를 비롯한 그리
스 철학자들은 세계를 코스모스(cosmos)라고 불렀는데, 코스모스
는 조화로운 질서라는 뜻입니다. 인간은 로고스를 통해 그 질서를
인식하는 것입니다.

서구의 합리주의, 즉 로고스주의는 그리스철학과 기독교라는 뿌
리에서 솟아나 무성한 잎과 꽃을 피워내고 열매를 맺었습니다. 암
흑기라고 불리는 중세의 유럽에서도 철학자들은 신앙만이 아닌
논리를 통해 신의 섭리를 증명하고자 치열하게 노력했어요. 그랬
기 때문에 중세를 지나 근대의 문턱에서 신의 이름이 벗겨지며 그
속에 있던 로고스가 드러날 수 있었습니다. 신의 이름에서 이성의
이름으로 나아갈 수 있었던 것이죠.

플라톤 『파이드로스』 파피루스 필사본

나는 세상에 무엇을 새겨 넣을 것인가

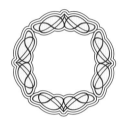

근대를 지나 현대의 문턱에서 유럽의 지성인들은 새로운 질문을 던졌습니다. '인간이 과연 이성적인 존재인가'를 묻기 시작했어요. 프로이트와 같은 정신분석학자들은 비합리적인 무의식이 인간의 정신 안에 존재하고 있으며, 오히려 그것이 훨씬 거대하고 근본적이라고 이야기했습니다. 그 위로 드러나 보이는 합리적인 의식은 빙산의 일각일 뿐이라고 말이지요.

실존주의 철학자들은 부조리한 인간의 실존적 조건에 대해 새로운 탐구를 시작했고, 이어서 등장한 포스트모더니즘 계열의 철학자들은 합리주의를 바탕으로 구축된 서구의 질서 대신 다양한 차이를 인정하는 다원주의로 향해가자는 목소리를 내고 있습니다.

그러나 신과 이성, 무의식을 거쳐 현대에 이르러서도 변하지 않는 것이 있다면 그것은 '인간다움이란 무엇인가'라는 질문입니다. 수 천 년 동안 과거의 수많은 사람들이 던지고 그 답을 찾으려고 했던 이 질문은 지금 여기 살아 있는 우리가 다시 붙들고 있으면서 새로운 답을 모색하는 질문이며, 인류가 지속되는 동안 미래에 태어날 사람들이 계속해서 그들만의 답을 찾기 위해 반드시 직면할 질문입니다.

시대마다 장소마다 사람마다 그 질문에 대한 대답은 달랐고, 그들 중에 어떤 것도 정답이라고 딱 잘라 말하긴 어렵지만, 그 질문만은 결코 틀리지 않고 그치지 않을 것입니다. 인간은 본능을 해결하는 것만으로 만족과 행복을 얻을 수 없는 존재로서 인간다움을 추구하기 때문입니다. 한 번밖에 없는 삶인데 어떻게 해야 좀 더 인간답게 살 수 있을까? 어떻게 사는 것이 가장 행복할까? 심지어는 인간다움을 묻는 일이 인간다운 것인가라는 질문도 가능합니다.

우리에게 인문학이 필요한 것은 바로 이런 까닭입니다. 이런 질문을 던지고 그 답을 찾으려 노력하는 일이 바로 인문학이기 때문입니다. 인문학이 실생활과 동떨어져 있다는 생각은 오해일지도 몰라요. 인문학은 오히려 실용적인 학문입니다. 나를 잘 알고, 인간을 잘 알고, 행복하고 가치 있는 삶을 꾸리기 위한 것이니까요.

요즘 인문학 열풍이 분다고들 얘기해요. 그런데 인문학 강의는 학교 안에서 그다지 크게 인기가 없어요. 배움의 터인 학교에조차 인문학은 먹고살 길을 찾은 뒤에 취미삼아 배우는 과목으로 여겨지는 것 같아요. 말 그대로 직업과 직결된 전공에 액세서리처럼 곁들이는 교양 과목입니다. 상대적으로 취업이 잘되는 학과 학생들, 그러니까 공대생들이나 경영대 학생들이 인문학 강의를 많이 듣는 경향이 있는데, 교양으로서의 인문학을 배우려는 것도 이유 중 하나겠죠.

취업이 어렵다는 이유로 많은 학생들이 인문학 전공을 기피합니다. 인문학을 전공한 학생들은 경영학이나 경제학을 복수전공으로 선택해서 취업에 불리해지지 않도록 애씁니다. 학부에서 인문학을 전공한 학생 가운데는 로스쿨을 목표로 하고 있는 학생들도 더러 있습니다. 인문학 공부는 인간다운 삶을 살기 위해서라기보다는 학점을 채우고, 취업에 적절한 조건을 채우기 위한 하나의 과정이 된 거예요.

그러다 보니 강의 중에 듣는 철학이나 사상을 자신의 삶에 적용시키고 받아들일 여유가 없습니다. 무엇을 위해 살아야 하는가, 어떻게 살아야 가치 있는가, 라는 질문들은 오늘날의 대학생들에게 잉여 또는 사치가 되어버렸습니다. 그럴 수밖에 없는 현실이 안타까울 따름입니다. 우리의 교육이 학생들을 그러한 길로 안내하고 있기 때문인 것 같습니다. 인간다운 인간으로 성장하는 것을 목표로 하는 교육이 아니라, 국가나 기업과 사회의 필요에 맞는 인력을 하나의 자원처럼 만들어내는 것을 목표로 한 교육이 만들어낸 기형인지도 모르겠습니다.

제가 인문학 열풍을 체감하는 곳은 학교 밖입니다. 평생교육원이나 지자체에서 주최하는 도서관 강의에 가보면 청중들의 눈빛이 정말 절박해요. 기업 초청 강연에 가도 마찬가지입니다.

학교 밖에서 인문학 강의를 듣는 분들은 대체로 나이가 많습니다. 사회에서 성공한 분도 있고, 일이나 인간관계에 있어 실패를 겪어본 분들도 있어요. 어쨌거나 열심히 살아온 분들입니다. 정신없이 달리다가 불현듯 '내가 잘 살고 있나'라는 회의감과 함께 인간답게 사는 것이 무엇인지 뒤늦게 묻게 된 분들이기도 하지요.

나이가 들면 사는 게 좀 허무해질 때가 있어요. 회사가 나를 챙겨주는 것도 아니고, 배우자나 자녀들도 이전만큼 살갑지 않다는 느낌이 들어요. 게다가 시간이 지날수록 살았던 기간보다 살아갈 기간이 짧아집니다. 죽음에 대한 예감이 더 진해지고 남은 삶이 간절하고 소중해져요. 그러다 보니 정신적인 풍요와 만족을 더 절실히 원하게 되는 것이죠.

이런 측면에서 보면 저는 대학이라는 곳이 너무 아쉬워요. 인문학을 공부한다는 건 인간다운 삶을 고민하는 거예요. 내가 어떻게 살아야 옳을까, 어떻게 살아야 만족스러울까, 이런 것들을 치열하게 생각하면서 자신의 미래를 준비하는 것과 일단 좋은 학점을 받아서 좋은 직장에 들어가는 것에만 관심을 갖고 사는 건 크게 다릅니다. 결국 젊은 시절 인문학에 대한 빈곤이 사회 전체의 정신적 빈곤으로 이어지고 마는 것입니다.

인문은 '人'과 '文'이 결합된 한자어입니다. 이 '글월 문'자는 본래 무늬, 얼룩이라는 뜻을 지니고 있어요. 따라서 '인문'은 '인간이 새겨 넣은 무늬'라는 의미입니다. 종이에 새겨 넣는 글뿐만 아니라 인간이 이 세상에 저질러놓은 모든 무형과 유형의 것을 말하지요. 즉, 그것들을 연구하는 학문이 인문학입니다.

차를 타고 가다 보면 창밖으로 무수한 건물과 집이 보입니다. 때로는 끝없이 펼쳐진 논과 밭을 지나기도 하지요. 인간이 닦아놓은 크고 작은 길들은 세상 곳곳으로 거미줄처럼 뻗어 있습니다. 특별할 것이 없는 풍경이지만, 저는 가끔 그것을 보며 감탄하고는 합니다. 인간의 역사와 그동안 쌓인 흔적들이 대단하게 느껴지거든요.

인간의 무늬들이 모두 타지마할이나 앙코르와트 사원처럼 아름답거나 문화적으로 큰 가치를 지닌 것은 아닙니다. 그러나 좁은 골목길 하나도 많은 사람들이 더 나은 생활을 위해 고민하고 행동한 결과이겠지요. 밭을 갈고, 집을 짓고, 성을 쌓으며, 인간들은 사는 동안 저마다 자신의 무늬를 새겼습니다. 우리가 살고 있는 땅 위에는 인간답게 살기 위한 모든 노력이 남아 있는 셈입니다.

대체 인간은 무엇일까? 어떤 존재이기에 이토록 많은 무늬를 새겼을까? 삶의 절박한 흔적으로서 이 세상에 새겨져 있는 무늬들은 무엇을 말하고 있는 걸까요? 이것들은 과연 옳은 것 혹은 좋은 것, 아름다운 것일까? 이런 의문을 가지다 보면 마지막에는 항상 같은 질문을 맞닥뜨립니다. '나와 이 세대의 우리는 앞으로 이 땅 위에 무엇을 새겨 넣어야 하는가?' '우리에게 남겨진 것들 가운데 어떤 것을 계속 보전하고 어떤 것은 제거해 나가야 하는가?'

인간다움에 대한 질문이야말로 인간을 인간답게 만드는 것이 아닐까 싶습니다. 우리 주위의 무늬들은 인류가 지금껏 질문을 던지고 나름의 답을 해온 기록이라 할 수 있습니다.

인간적인 삶에 대해 질문을 던져보십시오. 지금까지 내가 만들어온 발자국의 궤적을 돌아보고, 얼마나 인간적인 삶을 살았나를 물어보십시오. 만족스럽지 않다며 지난 날을 후회하고 과거를 지우려고 하기보다는, 앞으로 어떤 길을 만들며 어떤 자취를 남기고 갈 것인지를 꿈꿀 수 있는 힘으로 바꿔보십시오. 그것을 고민할 때 비로소 우리는 더욱 인간다워질 것입니다.

수천 수백 년간 이 땅에 자신의 무늬를 새겨온 사람들의 삶을 헤아려보는 일은 세상에 태어나 언젠가 마감할 나의 생을 들여다보는 시간이 되기도 합니다. 앞으로 남은 나의 인생을 어떻게 보내고 싶으신가요? 이 땅에 새길 나의 무늬는 어떤 빛깔, 어떤 모습일까요? 그리고 나 자신은 다른 사람들의 기억 속에 어떤 무늬로 남게 될까요? 떠올리기만 해도 고통스런 낙인처럼, 지우고 싶은 흉한 낙서처럼 남는다면, 그 삶에 어떤 가치를 부여할 수 있을까요?

세 번째 문

우리는 도대체
무엇을 위해
이토록 치열하게 사는가

삶과 죽음의 아이러니

제가 『오뒷세이아』에서 찾은 것은
'죽음이 있는 삶'에 대한 긍정이었습니다.
오뒷세우스를 보면서 비로소 죽음의 가치,
정확히 말하자면 죽음으로 인해
분명해지는 삶의 가치를 인식할 수 있었습니다.
여러분은 어떠신가요? 불멸의 삶이 아닌 죽음이 있는 삶을
기꺼이 선택하실 건가요?

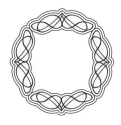

새해가 되면 야심찬 목표를 세웁니다. 저도 예외는 아니어서 운동을 규칙적으로 하겠다든지, 잘못된 습관은 끊고 의미 있는 활동을 해야겠다든지, 새로운 취미를 만들겠다는 등의 결심을 하곤 합니다. 그중에는 작심삼일로 끝나버리는 계획도 있고 작심십일 정도로 마무리되는 계획도 있지요. 그리고 다음해가 되면 그 전의 나는 몰랐다는 듯 또 다시 비슷한 결심을 하고는 합니다.

계획을 세운다는 건, 내일도 모레도 내 삶이 이어질 거라는 믿음이 있기 때문입니다. 앞날을 내다보고 행동을 계획하는 것은 인간만이 가진 능력이기도 하지요.

그런 인간의 계획과 의지를 한순간에 무너뜨리는 가장 강력한 요소는 바로 죽음입니다. 죽음은 모든 계획을 수포로 돌립니다. 죽음은 느닷없이 찾아오고 그 대상을 가리지 않습니다. 좋은 일을 많이 하거나 몸이 건강하다고 해서 오래 사는 것도 아니요, 반대로 악한 자가 빨리 죽는 것도 아니지요. 죽음 앞에서 인간이란 얼마나 무력한 존재인가요.

우리는 평소에 죽음을 염두에 두고 살지는 않습니다. 큰 병이 있다거나 삶이 너무 고통스러운 경우를 제외하면 죽음이 일상을 지배하지는 않지요. 영원히 살지 못하는 건 알지만, 죽는 것도 먼 미래의 일이라고 생각합니다. 그러다가도 가까운 지인의 사망 소식을 접하면 죽음이 피부 가까이 느껴지는 듯하지요. 그동안 미처 의식하지 못했던, 때로는 외면해왔던 죽음을 직면하게 되는 것입니다.

매일 곳곳에서 수많은 사건사고가 터집니다. 그중 어떤 소식들은 온 국민을 비탄에 빠뜨립니다. 안전장치도 없이 일하던 하청노동자의 죽음, 수학여행을 떠난 학생들의 죽음, 생활고를 이기지 못해 자살한 일가족이나 학대받아 숨진 아기… 얼굴 한번 본 적 없는 이들이지만 너무나 안타까운 사연 앞에서 우리는 숙연해집니다.

죽음을 맞닥뜨리면 어떤 기분일까요? 이 질문은 너무나 강력한 힘을 가지고 있어서 일단 떠올리는 순간 수많은 질문들이 가지를 치면서 연이어 떠오릅니다. 머리는 어지럽고 숨이 조금 가빠지는 것도 같습니다. 남은 인생이 얼마 되지 않는다면 무엇을 해야 할까? 내가 죽고 나면 지금 하는 일이 무슨 소용일까? 어차피 없어질 존재인데 열심히 살아야 하는 이유가 뭘까? 모든 존재는 왜 죽는 것일까? 죽으면 내가 완전히 사라지고 아무것도 남지 않을까? 세상에서 사라진다는 건 대체 무엇일까?

주위 사람과 사이가 안 좋을 때 인간관계에 대해 질문을 던지고, 연애가 잘 안 풀리면 사랑이라는 감정에 대해 묻게 되듯, 죽음이란 삶 자체를 회의하게 만듭니다. 인간에게 있어 죽음만큼 강력하게 삶을 통째로 뒤흔드는 질문은 또 없을 것입니다.

죽음은 인생에 있어 가장 근본적인 질문을 던지게 하는 계기이자, 동시에 모든 질문을 백지화시키는 막강한 힘이 있는 셈입니다.

영원한 삶에 대한 인간의 갈망

기원전 6세기경에 살았던 그리스 철학자 파르메니데스는 이런 말을 했습니다.

"있는 것만 있고, 없는 것은 없다."

일견 당연한 말인 것도 같은 이 말은 존재에 대한 사유를 바탕으로 하고 있습니다. 파르메니데스는 감각이 아닌 사유야말로 참된 존재를 인식하게 해주는 것이라고 주장했는데요. 실제로 많은 학자들이 파르메니데스로부터 철학의 진정한 논의가 시작되었다고 이야기합니다. 파르메니데스가 이 한 문장으로 서양 형이상학의 기초를 만들었다고 말하는 분도 있지요.

인간은 없다가 있다가 없어집니다. 세상에 없었는데 어느 날 태어나 있게 되고, 그렇게 한동안 이 세상에 있다가 언젠가 죽어서 사라지므로 '무(無)-유(有)-무(無)'로 이어지는 것입니다. 시적으로 표현한다면 무와 무 사이에 갇혀 있는 존재라고 할 수 있습니다.

셰익스피어 『햄릿』의 유명한 구절인 "사느냐 죽느냐 이것이 문제로다"라는 말이 있습니다. 이 말의 원문은 "To be or not to be, that is the question."이므로 그대로 번역하자면 "있음이냐 있지 않음이냐, 그것이 문제로다"이어야 해요. 셰익스피어는 '삶과 죽음'(to live or to die)보다도 더 깊은 문제가 '존재와 무'(to be or not to be)라는 것을 드러내려고 했던 것 같습니다.

파르메니데스의 말로 다시 돌아가 생각해봅시다. 파르메니데스의 말대로 따져보면, 근본적인 질문이 떠오릅니다. 없는 것은 없는데, 어떻게 갑자기 있게 될까요? 그리고 있는 것은 있는데, 어떻게 갑자기 없게 될까요? 어떻게 우리가 있음과 없음을 넘나들 수 있다는 말인가요?

파르메니데스는 우리는 있는 것만 생각하고 말할 수 있으며, 따라서 없는 것은 생각할 수도 말할 수도 없다고 합니다. 그 말에 따르면, 죽음이 존재의 완전한 소멸을 의미한다면, 살아 있는 사람들에게 죽음과 그 이후는 전혀 상상할 수 없는 것이며, 생각할 수도, 말할 수도 없습니다.

나는 지금 '있는' 상태이니까 '없는' 상태가 어떤지 알 수 없습니다. 누구도 알지 못하는 것, 누구에게나 찾아오지만 누구도 감히 예상할 수 없는 것, 그것이 바로 죽음입니다. 인간이 죽음을 두려워하는 이유는 여기에 있습니다.

인간은 오래도록 영원한 삶을 갈망해왔습니다. 두려운 것이 있으면 자연히 피하고 싶은 것이 인간의 본성이기도 하기 때문이지요. 동서고금을 막론하고 수많은 사람들이 죽음을 두려워하며 최대한 피하거나 미루고자 애썼습니다. 불로초를 찾아 그토록 애타게 헤맨 진시황의 모습은 인류의 오랜 바람을 반영하고 있는지도 모릅니다.

그 염원은 종교와 닿아 있어서 어떤 이들은 영원불멸의 신을 섬깁니다. 기독교에서는 사람의 육신이 죽어도 영혼은 계속 존재한다고 믿지요. 신을 믿음으로써 영원한 삶을 안락하고 행복하게 살 수 있으며, 저승에서의 영원한 평안을 마련하기 위해 이생을 산다고 합니다. 이런 믿음에서 죽음은 존재의 소멸이 아니라 단순한 변화입니다. 육체적인 삶에서 육체를 벗어버린 영혼의 삶으로 바뀐 것일 뿐, 여전히 존재하는 것이죠.

우리가 태어나기 전에는 어땠을까요? 우리가 지금 존재하는 것처럼, 지금 이전에도 어떤 방식으로든 존재했을까요? 문제가 너무 어려워집니다. 이야기를 다시 시작해보죠.

우리는 이미 세상에 태어났고, 그걸 되돌릴 수는 없습니다. 그 탄력에 의해 계속 존재하고 있으며, 존재하고자 하는 본능으로 삶을 지속하려 합니다. 사람들은 습관처럼 배고파 죽겠어, 라는 말을 하고, 배가 고파 죽겠으면 안 죽으려고 배를 채워요. 마찬가지로 목말라 죽겠으면 물을 마시고, 졸려 죽겠으면 잠을 잡니다. 그래야 죽지 않고 살 수 있으니까요. 우리는 습관적으로 또 당연하게 밥을 먹고 물을 마시고 잠을 자는 것 같지만 사실은 모두 살아남기 위한 움직임입니다. 죽음을 피하고 존재를 연장시키기 위한 노력이지요.

저는 '죽겠다'라는 표현에 죽고 싶지 않다는 인간의 열망이 내재되어 있다고 봅니다. 누군가가 보고 싶어 죽겠으면 그 사람을 만나고, 무슨 일이 하고 싶어 죽겠으면 그 일을 하려고 하잖아요. 죽고 싶지 않은 열망, 살고 싶은 욕망, 실은 더 잘해보고 싶고, 더 보고 싶고, 더 하고 싶지만 마음대로 되지 않는 현실에 대한 아쉬움이 '죽겠다'는 말로 강하게 표현되는 것 같습니다. 그래서 저는 '죽겠다'는 말을 습관처럼 하는 사람들을 만나면 지금 그 마음은 얼마나 약해져 있을까, 풀리지 않는 욕망 때문에 얼마나 마음 쓰며 지내고 있을까 하는 생각이 들곤 합니다.

죽음을 극복하기 위한 발버둥

고대 그리스인들도 신을 믿었습니다. 하나가 아니라 수많은 신들을 섬겼지요. 그리스의 신들은 인간처럼 화내고 사랑하고 질투하고 다투며 살아갑니다. 하지만 인간과 크게 다른 점이 있었으니, 절대 죽지 않는다는 것이었습니다. 신과 달리 인간은 죽어요. 그리스인들은 인간이 죽어 소멸한다는 사실을 전제해둔 셈입니다.

오늘날 우리와 마찬가지로 그리스인들도 아프지 않고 오래 사는 것이 좋은 삶이라고 생각했어요. 그러다 보니 거의 대부분의 사람들이 이런 궁리를 하게 됩니다. 어떻게 하면 죽음을 극복하고 존재를 지속시키며 오래 살 수 있을까?

오래 살기 위해서는 목숨을 위협할 만한 요소들을 제거해야 합니다. 추위, 배고픔, 전쟁 같은 것들에 노출되면 죽을 확률이 높아지잖아요. 그래서 그리스인들이 중요하게 여긴 것은 부(富), 즉 돈이었습니다. 돈이 많으면 추위를 막아주는 좋은 집에서 살 수 있고, 굶을 일도 없어요. 자신의 몸을 보호하기 위해 호위 병사나 군대를 둘 수도 있겠지요. 하지만 재산이 많다고 해도 끝까지 죽음을 피할 수는 없습니다. 아무리 큰 부자도 죽음 앞에서는 어쩔 도리가 없으니까요.

죽음을 극복해보고자 했던 그리스인들이 떠올린 또 다른 방법은 자식을 낳는 것이었습니다. 아이는 두 사람이 하나가 되어 생기는 존재입니다. 그러니까 그 아이에게 '나'의 일정 부분이 전해진다고 생각하는 거지요. 자손이 태어나 가문과 혈통이 계속 이어지면 나의 존재도 세상에 남아 이어진다는 겁니다. 플라톤의 『향연』을 보면 이런 말이 나옵니다.

> "사람은 무엇이 결핍되어 있기에 이성을 사랑하는 것인가? 답은 간단하다. 인간은 죽기 때문이다."

이는 에로스에 관한 대화 중 소크라테스가 한 말인데, 사람들이 영원한 삶에 대한 열망으로 사랑하는 사람과 함께 아이를 낳는다는 의미입니다.

당시 그리스인들은 아이를 통해 자신의 존재가 다른 방식으로 지속된다고 믿었습니다. 내 몸뚱어리는 죽어 없어질지라도 나의 분신이 살아 있다면 나의 존재도 끝나지 않는다는 거예요. 그런 만큼 자손의 번성이 무척 중요한 가치였어요. 종족 보존이라든지 우리 조상들처럼 가문을 중시해서 대를 잇기 위함도 따지고 보면 결국은 '나'를 연장시킨다는 의미를 갖지요.

하지만 나는 나고 자식은 자식일 뿐입니다. 나에게서 나왔다고 해도 내 아이는 나와 다른 하나의 인간이고, 독립적인 인격체입니다. 나의 분신이 아니에요. 만일 그렇다면 내 마음대로 됐겠지요.

자식은 절대 부모의 뜻대로 되지 않습니다. 자식을 낳아 길러 본 사람이라면 누구나 알고 있지요. 부모들은 자식들이 지겹도록 부모 말을 안 듣는다고 푸념합니다. 사실 자식들이 꼭 부모의 말을 들어야 하는 것도 아니고요. 자식은 자식이니까요.

그렇다면 도대체 어떻게 해야 삶을 지속시킬 수 있을까요? 어차피 죽는다면, 생명을 지탱하던 육신이 사라지더라도 나의 삶을, 나의 존재를 최대한 연장하는 방법은 무엇일까요?

그리스인들이 찾은 답은 '불멸의 명성'입니다. 대단한 성취를 이룬 사람들은 죽고 나서도 쉽게 잊히지 않습니다. 서양 사람들은 엄청난 영토를 정복한 알렉산드로스 대왕과 거대한 로마 제국을 세운 아우구스투스 황제를 잊지 않잖아요. 우리나라 사람들은 일장기를 달고 금메달을 딴 손기정 선수를 기억합니다. 인류는 고흐와 베토벤을 기억하며, 중요한 사상과 발명품을 만들어낸 사람들을 기억합니다. 그들의 작품과 이야기, 그리고 이름은 우리에게 전해졌고, 우리 후손들에게도 전해질 것입니다. 아주 오랜 시간이 흘러도 마찬가지일 거예요.

나라는 존재를 기억할 수 있게끔 하는 모든 성과들이 곧 '나'라는 것. 이것이 그리스인들의 판단이었습니다. 그래서 수많은 사람들이 후대에 화제가 될 만한 업적을 세우려고 노력했어요. 사람들이 자신을 화제로 삼는 동안 자신이 그들의 기억 속에 살아 있다고 믿었으니까요. 그들에게는 후손을 남기는 것보다 이름을 남기는 것이 존재를 연장시키는 더 확실한 방법이었던 것입니다.

고대인들이 불멸의 명성을 남길 가장 좋은 기회는 전쟁이었습니다. 전쟁터에서 뛰어난 활약을 하면 금세 영웅이 되었지요. 영웅의 무덤은 웅장하게 세워지고, 그의 업적은 멋진 기념비에 새겨지고 그 이야기는 시와 연극, 그림으로 아름답게 만들어졌습니다. 그렇게 그의 명성이 영원히 남는다면, 비록 그의 몸은 죽어 사라졌다 해도, 그의 이름만은 불멸하는 신처럼 영원해지는 겁니다. 실제로 어떤 영웅은 신격화되기도 했어요. 영원불멸의 존재인 신과 같은 급으로 제사와 종교의 대상이 되었던 겁니다.

사실 전쟁터에서 영웅이 되는 사람은 극소수입니다. 그보다 훨씬 더 많은 사람들이 싸우다가 목숨을 잃지요. 자칫 죽을 수도 있는 곳에 가겠다고 나서는 사람이 얼마나 될까요? 전쟁터는 누구에게나 두려운 곳입니다. 대부분은 죽을 수밖에 없는 전쟁에 사람들을 동원하기 위해서는 어떤 믿음이 필요했던 겁니다.

그리스인들의 영원한 고전 『일리아스』에서 최고의 전사 아킬레우스에게 그의 어머니 테티스가 이런 말을 합니다.

"네가 이곳에 머물러 트로이아인들의 도시를 포위하면 고향으로 돌아가는 길은 막히겠지만 너의 명성은 불멸할 것이다.

116

프란츠 마슈, 「코르푸 아킬레이온에서 아킬레우스의 승리」, 1892년

그러나 네가 사랑하는 고향 땅으로 돌아간다면 너의 수명은
길어지고 죽음은 너를 일찍 찾아오지 않겠지만, 너의 명성은
곧 사라질 것이다."

_『일리아스』9권 412~417행

이것은 비단 아킬레우스에게만 해당하는 말은 아닙니다. 참전을 앞두고 망설였던 모든 장정들에게 하는 말이었지요. 특히 전쟁을 벌인 이들은 이런 말로 수많은 청년들을 독려하고 유혹했습니다. 죽음을 두려워하지 않도록 하기 위해서 전쟁이야말로 이름을 영원히 남길 수 있는 기회이며, 그렇게만 된다면 너의 존재는 지속될 것이라는 신화를 만들어낸 것이지요.

그런데 이러한 신화는 반대로 전쟁의 이유가 되기도 합니다. 그 이유는 이렇습니다. 오래 살기 위해서는 할 수 있는 한 죽음을 피해야 하고, 따라서 죽음의 위험이 아주 높은 전쟁을 피해야 합니다. 그런데 불멸의 명성을 남기려면 멋지고 위대하게 죽을 필요가 있어요. 그런 죽음을 보여줄 수 있는 가장 좋은 곳이 바로 전쟁터이지요. 전쟁터는 죽음을 각오해야 하며, 어떤 경우에는 죽음을 선택해야만 하지요.

죽지 않기 위해 죽어야 하는 아이러니가 전쟁터를 떠돕니다. 나의 성취, 그리고 그에 대한 사람들의 평가가 나의 실존보다 오히려 더 중요한 게 되어버립니다. 그래서 사람들은 영원불멸의 명성을

통한 존재의 지속을 위해 전쟁을 원하게 되는 것입니다.

지금 책을 읽는 여러분들은 의아하게 여길지도 모르겠습니다. 나의 명성이나 후대의 평가, 그들의 기억에 각인되는 나의 모습은 내가 죽고 나면 알지도 못할 허상이라 여겨지기 때문입니다. 지금 숨 쉬고 있는 육체야말로 분명히 존재하는 것인데 허상을 위해 살아 있는 나를 죽인다는 게 말이 되느냐는 의문을 품는 것도 일견 당연해 보입니다.

그리스 사람들도 예외는 아니었으니까요. 『일리아스』를 보면 죽음의 아이러니에 대한 그리스인들의 고민을 엿볼 수 있습니다.

잊히는 삶이냐, 기억되는 죽음이냐

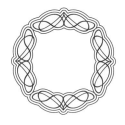

호메로스의 『일리아스』는 서양의 오랜 고전이자 대표적인 영웅 서사시입니다. 『일리아스』는 '일리온의 노래'라는 뜻인데, 일리온은 소아시아의 옛 도시인 '트로이아'의 다른 이름이기도 하지요. 이 작품은 제목처럼 트로이아 전쟁을 배경으로 하고 있습니다. 이야기 속에는 수많은 영웅들이 등장하는데, 그중 가장 뛰어난 주인공은 아킬레우스라는 인물입니다.

아킬레우스의 어머니는 바다의 여신 테티스입니다. 하지만 아킬레우스의 아버지는 신이 아닌 인간이었지요. 테티스는 아들을 신비한 물이 흐르는 스틱스 강으로 데리고 갑니다. 아킬레우스의 몸에 강물을 적셔 자신과 같은 불사의 존재로 만들기 위해서였습니다. 그런데 아이의 몸을 물에 적시려면 어느 한곳을 붙잡고 있어야 하잖아요. 안 그러면 물에 빠지고 말 테니까요. 고민 끝에 테티스는 아킬레우스의 발목을 잡고 강에 담갔습니다. 그 바람에 강물이 묻지 않은 발목은 아킬레우스의 치명적인 약점이 되었는데요. 그곳이 바로 우리가 아킬레스건이라고 부르는 부분입니다.

아킬레우스가 처음부터 전쟁에 참여했던 것은 아닙니다. 아들이 트로이아 전쟁에서 전사할 것이라는 신탁을 받은 테티스는 스키로스 섬의 리코메데스 왕에게 아킬레우스를 맡깁니다. 리코메데스 왕은 테티스의 요청대로 아킬레우스에게 여장을 시키고 공주들과 같이 키웠어요. 하지만 이타카의 왕이자 뛰어난 지략가인 오뒷세우스는 전쟁을 앞두고 아킬레우스를 찾아내 함께 싸우자고 설득합니다.

전쟁에 참여하지 않고 안전하고 편안하게 오래 살 것인지, 아니면 죽음을 무릅쓰고 전쟁터에 나갈 것인지 고민하던 아킬레우스는 전쟁에 나갑니다. 죽을 것을 알면서도 불멸의 명성을 얻기 위해, 그래서 영원히 살아 있는 존재가 되기 위해서 말이지요. 그런 역설적인 존재가 바로 호메로스의 영웅들이었습니다.

그리스의 승리에 결정적인 공헌을 한 아킬레우스는 트로이아의 왕자 파리스의 화살에 맞아 숨을 거둡니다. 화살이 명중한 곳은 아킬레우스의 몸에서 스틱스 강물이 묻지 않았던 유일한 곳, 발목이었습니다.

『일리아스』의 주인공 아킬레우스가 평범한 삶과 명예로운 죽음 사이에서 고민했다면, 호메로스의 또 다른 작품 『오뒷세이아』의 주인공 오뒷세우스는 훨씬 어려운 선택의 기로에 놓입니다. 이 작품의 주인공 오뒷세우스 역시 트로이아 전쟁의 영웅이에요. 그런데 『오뒷세이아』는 전쟁 이야기가 아닙니다. 전쟁이 끝난 후 오뒷세우스가 집으로 돌아가는 여정을 담고 있지요. 장장 10년에 걸친 모험담입니다.

풍랑을 만나 표류하던 오뒷세우스는 아이아이섬에서 키르케라는 이름의 님프를 만납니다. 어여쁜 외모와 무시무시한 마법을 지닌 님프는 마법을 부려 오뒷세우스의 부하들을 돼지로 만들어버리는데요. 오뒷세우스는 키르케에 맞서 부하들을 인간의 모습으로 되돌리고, 그러는 동안 키르케는 오뒷세우스를 좋아하게 되지요. 결국 오뒷세우스는 키르케와 사랑을 나누며 아이아이섬에 눌러 살게 되었습니다.

그런데 1년이 지난 뒤 오뒷세우스가 떠나겠다고 해요. 굉장히 무모한 결정이었습니다. 집으로 가는 길은 험난한 바다가 가로막고 있었으니까요. 어찌어찌 집에 도착한다고 꼭 행복하리라는 보장은 없습니다. 전쟁 기간만 10년이었고, 여러 해 동안 헤매기도 했어요.

그동안 자신의 나라가 어떻게 변해 있을지 모를 일이에요. 물론 돌아가면 아내와 자식이 있겠지요. 고향에 대한 그리움도 있었을 거예요. 차라리 미모의 님프와 편안하게 사는 게 어땠을까요?

결국 바다로 나간 오뒷세우스는 또다시 풍랑을 만나고 여러 번 죽을 고비를 넘깁니다. 함께 전쟁에 참여했던 동료들마저 모두 잃어버리지요. 혼자 남아 표류하다가 겨우 도착한 곳은 오귀기아라는 섬이었어요. 오귀기아에는 젊고 아름다운 님프 칼립소가 살고 있었습니다. 칼립소 주위에도 매력적인 요정들이 많았어요.

오뒷세우스가 마음에 들었던 칼립소는 그에게 온갖 유희를 제공했습니다. 오뒷세우스는 매일 진귀한 음식을 먹고 아름다운 님프들에 둘러싸여 쾌락을 즐기며 살았어요. 언제나 맛있고, 즐겁고, 짜릿한 생활이었습니다. 그 행복이 어찌나 컸던지 오뒷세우스는 그곳에 무려 7년 동안 머무릅니다. 간혹 사람들은 오뒷세우스가 집으로 돌아가기까지 10년이 걸렸다고 해서 고생을 엄청나게 한 줄 알기도 하는데, 꼭 그런 건 아니었어요. 아이아이섬과 오귀기아 섬에 무려 8년을 머물렀고 그곳에서는 풍요와 환락에 젖어 보냈으니까요.

그런데 무슨 이유인지 이번에도 오뒷세우스는 집으로 돌아가고 싶어 합니다. 결국 제우스와 여러 신들이 모여 회의를 해요. 오뒷세우스가 집에 가고 싶어하니 돌려보내자고 말이지요. 그러고는 헤르메스를 통해 칼립소에게 오뒷세우스를 집에 보내주라고 이야

아널드 뵈클린, 「오뒷세우스와 칼륍소」, 1882년, 104×150cm, 쿤스트미술관

기합니다. 칼립소는 싫다고 거절해요. 모처럼 괜찮은 남자를 만나서 즐겁게 살고 있는데 왜 내가 행복한 꼴을 못 보느냐며 엄청나게 화를 냅니다. 결국 결정권은 오뒷세우스에게 넘어가지요.

오뒷세우스를 붙잡아두기 위한 칼립소의 제안은 너무나 달콤했어요. '여기에서 나랑 살자. 내가 신들이 먹는 음식인 암브로시아와 신들이 마시는 음료인 넥타르를 주겠다. 그걸 먹으면 너도 영원히 젊고 건강하며 아름다운 모습으로 살 수 있다.'고요. 그건 곧 신이 된다는 뜻입니다. '집에 가면 당신의 아내가 있겠지. 하지만 그녀는 늙어가고 언젠가는 병들어 죽을 거야. 그런데 나는 시간이 흘러도 지금처럼 젊고 예뻐.' 칼립소는 이런 식으로 오뒷세우스의 아내와 자신을 비교하기도 해요. 유치한 행동이지만 어떻게 보면 아주 솔직하게 이야기한 것이죠.

위협도 서슴지 않습니다. 섬에서 빠져나가는 순간 거칠고 넓은 바다를 항해해야 하는데 그러다 죽을 수도 있다고 단단히 겁을 줍니다. 오뒷세우스가 떠날까 봐 무척 불안했던가 봐요.

제우스의 핏줄, 라이에르테스의 아들,

지략이 많은 오뒷세우스여,

그토록 집으로, 사랑하는 고향 땅으로 가고 싶어 하시나요?

그러면 그냥 잘 가세요.

하지만 그대가 만약 고향 땅에 이르기 전

그대에게 닥칠지 모를 수많은 고통에 찬 운명을 마음 깊이 알
게 된다면
이곳에서 나와 함께 남아
이 집을 지키며 불사의 몸이 되려 할 텐데.

_『오뒷세이아』 5권 203~210행

거기에 더해, 독자들은 알지만 오뒷세우스는 모르는 사실이 하나
있었습니다. 바로 고향 이타카의 상황입니다. 오뒷세우스의 아내와
아들이 남아 있는 왕궁에 날마다 남정네들이 모여들었어요. 그들은
오뒷세우스의 아내를 향해 '당신 남편은 죽었으니 우리들 중에 하
나를 골라서 재혼하라'고 강요합니다. 그런 식으로 왕궁을 둘러싸
고 농성하듯 버티는 남자들이 108명이나 됐어요. 오뒷세우스가 전
쟁이 끝난 지 10년이 다 되어 가는데도 돌아오지 않자, 사람들은
그가 죽었을 거라고 생각했습니다. 108명의 남자들은 혼자가 된
왕비와 결혼해서 왕이 되겠다는 야심을 품은 자들이었습니다. 오
뒷세우스가 세운 왕국을 거저먹으려는 심산이었던 거예요.

만일 오뒷세우스가 무사히 집에 돌아간다고 해도 당장 그 남자
들과 싸워야 할 판이었어요. 한마디로 오귀기아섬을 떠나면 계속
해서 죽음의 위험에 직면해야 하는 겁니다. 항해하다가 객사할 수
도 있고, 도착해서 맞아 죽을 수도 있어요. 살아남는다고 해도 시
간이 지나면 수명이 다해 죽고 말겠지요.

그럼에도 오뒷세우스는 신이 아닌 인간의 삶을 선택합니다.

그러나 나는 원하고 갈망합니다. 날이면 날마다
집으로 돌아가기를, 귀향의 날을 보기를.
설령 신들 중 누가 다시 포도줏빛 바다에서 난파시켜도
참을 것이오. 가슴 속에 참는 마음을 가지고 있으니
이미 많은 일을 겪고 또 많은 고통을 당했소.
파도와 전쟁으로. 여기 이것도 그것들에 추가되게 하세요.
_『오뒷세이아』 5권 219~224행

사람들에게 기억된다는 것

『일리아스』를 처음 읽었을 때 저는 아킬레우스의 선택에 박수를
보냈습니다. 어릴 때는 가늘고 길게 살기보다 짧고 굵게 사는 삶이
멋있어 보였으니까요. 요절한 천재들을 동경하기도 했습니다. 그
렇게 해서 이름을 남긴다면 훌륭한 삶이라고 생각했지요. 그런 제
가 오뒷세우스를 이해하기란 좀처럼 쉽지 않았습니다. 신이 될 수
있는 기회를 뿌리치다니요. 칼립소의 말대로만 하면 오뒷세우스
는 죽지 않습니다. 그리스인들은 물론이고 인류가 그토록 갈망하

는 영원한 삶을 얻을 수 있어요. 불멸의 명성이 아니라 불멸의 삶을 갖는 겁니다! 그런데도 오뒷세우스는 집으로 돌아갑니다. 오귀기아섬에 남았다면 영원토록 즐겁고 편하게 살 수 있을 텐데, 오뒷세우스는 왜 굳이 그곳을 떠난 걸까요?

여기에는 재미있는 비밀이 감추어져 있습니다. 칼륍소는 그리스 말로 '가리는 자'라는 뜻입니다. 칼륍소와 같이 산다면 오뒷세우스는 감춰집니다. 오귀기아섬에서는 행복할지 모르지만, 인간 세상에서는 완전히 잊히는 것이지요. 오뒷세우스가 칼륍소의 곁을 벗어난다는 것은 다른 말로 하면 망각에서 벗어나 기억되는 존재가 된다는 것입니다. 결국 오뒷세우스는 아킬레우스와 같은 선택을 한 거예요. 영원히 기억되는 존재가 되기 위해 죽음을 선택한다는 점에서는 말이지요.

『일리아스』에서는 아킬레우스의 선택에 동의하는 사람이 많았을 거예요. 그러자 호메로스는 『오뒷세이아』에서 '망각될 것인가, 아니면 기억될 것인가'라는 문제를 또다시 제시했습니다. 이번에는 훨씬 강력한 버전으로 질문을 던져요. '오래 사는 것보다는 일찍 죽더라도 영원히 기억되는 게 좋다고? 그렇다면 영원히 사는 건 어때? 그래도 죽는 쪽을 택할래?' 꼭 이렇게 묻는 것 같습니다.

물론 오뒷세우스가 집으로 돌아가는 건 단순히 불멸의 명성 때문만은 아닙니다. 세상에 이름을 떨치고 사람들에게 기억되는 것 또한 중요하지만, 그의 귀가는 인간 조건 속으로의 회귀를 의미합니다. 죽음이 있는 삶으로 돌아가는 것이지요. 그것이 영원한 삶보다 더 가치 있다고 이야기하듯이 말입니다.

　젊을 때, 불멸과 유희의 삶을 뿌리치고 기어이 인간 세상으로 가고자 했던 오뒷세우스가 좀처럼 이해되지 않던 저는 『오뒷세이아』를 여러 번 읽고나서야 비로소 '죽지 않는 삶이 과연 좋을까' 생각이 들었습니다.

　대학 시절, 술을 참 좋아하는 선배들이 있었습니다. 함께 술자리에 있다 보면 술병이 금방 열 병, 스무 병씩 쌓였지요. 그럴 때는 오히려 술 맛이 어떤지도 몰라요. 그런데 '오늘은 딱 한 병만 마시자' 할 때가 있단 말이에요. 그럼 그날은 한 잔 한 잔이 너무 아까워요. 어쩐지 더 맛있게 느껴지기도 합니다. 입대하며 훈련을 받을 때도 2박 3일간 휴가를 나오면 일분일초가 그렇게 소중했어요. 밤에 자는 것도 아까울 만큼 시간 가는 게 아쉬웠습니다. 그런데 장교로 임관하여 자대 배치를 받고 출퇴근을 하니 그 느낌이 좀 약해졌고 제대를 하고 나니 그런 느낌이 사라져버리더라구요.

　영원히 산다면 우리가 지금 보내고 있는 순간들은 빛을 잃을 것입니다. 하루가 끝없이 반복될 텐데 오늘을 이렇게 보내든 저렇게 보내든 무슨 상관이겠어요. 제가 『오뒷세이아』에서 찾은 것은 '죽음이 있는 삶'에 대한 긍정이었습니다. 오뒷세우스를 보면서 비로소 죽음의 가치, 정확히 말하자면 죽음으로 인해 또렷해지는 삶의

가치를 인식할 수 있었습니다.

여러분은 어떠신가요? 불멸의 삶이 아닌 죽음이 있는 삶을 기꺼이 선택하실 건가요?

죽음이 있어 의미 있는 삶

『일리아스』와 『오뒷세이아』는 서양의 대표적인 고전이지만 끝까지 읽었다는 사람을 찾기가 힘듭니다. 수업을 하다 보면 학생들도 그리스로마 고전을 처음부터 끝까지 읽기가 쉽지 않다고 토로하는 경우를 많이 봅니다. 그럴 때마다 저는 그게 당연한 거라고 이야기해줍니다. 저도 처음에는 몇 번이나 팽개쳤는지 모르니까요. 여느 고전처럼 이 두 작품 역시 읽을 때마다 새로이 얻는 것이 있습니다. 그리고 매번 다른 느낌을 받을 수 있습니다. 재미있는 건, 그토록 수없이 읽었음에도 불구하고 저는 지금도 다른 사람이 쓴 논문을 보면서 제가 발견하지 못했던 부분을 깨닫고는 놀라곤 합니다. 평생 붙들고 공부해도 계속해서 재밌는 것들을 발견해낼 수 있을 거라는 기대가 제게는 있습니다.

고전이 오랜 시간 사람들에게 읽히며 회자되는 이유가 여기에 있습니다. 제가 그랬듯이 수많은 학자들, 그리고 서양 사람들이

『일리아스』와 『오뒷세이아』를 읽어왔고, 앞으로도 그럴 것입니다. 이 작품들은 인류의 중요한 문화유산으로 남아 끊임없이 읽히고 해석되겠지요.

고전은 우리에게 정답을 알려주지 않습니다. 하지만 귀중한 실마리를 제공하지요. 『일리아스』와 『오뒷세이아』는 우리가 인생의 기로에 섰을 때 치욕적인 행동 대신 아름다운 성취를 추구하게 하며, 현재의 안락함에 안주하기보다는 고난을 헤쳐 나가도록 이끌어줄 것입니다. '살아가는 힘'을 주는 셈이지요.

삶은 영원하지 않고 시간은 잔인하리만치 냉정하게 뚜벅뚜벅 자신의 보폭대로 걸어갑니다. 행복만 계속되는 인생은 없으며, 설사 그렇다고 해도 결국에는 죽음으로 끝이 납니다. 타인의 고통을 오롯이 이해한다고 감히 말할 수는 없지만, 저는 삶이 지독하게 힘들어도 절대 포기하지 말라는 이야기를 꼭 하고 싶습니다. 누구의 인생도 줄곧 평탄하지는 않습니다. 저에게도 때때로 견디기 힘든 고비가 찾아왔어요. 장밋빛 미래를 꿈꾸면서 열심히 달리고 있는데 아무리 나아가도 빛 한 줄기 보이지 않을 때면 마음이 무너지고는 했습니다. 나의 노력과 가족들의 고생마저 물거품이 되면 어떡하나 덜컥 겁이 났지요.

그럴 때면 저는 『오뒷세이아』를 꺼내들었습니다. 오뒷세우스는 영원하고 평탄한 삶을 포기하고, 아프면서 고통스럽고 시시각각 고민에 휩싸이는 인간의 삶을 향해 스스로 뛰어들었습니다. 그는 인간이 가장 피하고 싶어 하는 죽음마저 부정하지 않고 받아들입니다. 언젠가는 죽을 것이기 때문에 살아 있는 지금이 아무리 고통스러워도 더욱 더 가치 있다는 사실을 알았던 것이지요. 마찬가지로 슬픔이 있기에 기쁨은 더욱 달콤하고, 고통이 있기에 성취의 보람도 커집니다. 힘든 시기를 이겨내는 열쇠는 바로 여기에 있는 것 아닐까요?

인생은 유한하며, 그로 인해 삶의 순간들이 빛납니다. 삶의 순간에 응축된 다채로운 빛깔을 깨달을 때면, 저는 제게 주어진 시간들을 진하게 보내려고 애씁니다. 무엇을 하고 누구와 시간을 보내든, 심지어 아무것도 하지 않는 순간조차도 그때의 감정을 잔뜩 느껴보려고 합니다. 제 안의 충만한 감정을 느낄 때, 삶은 조금 더 풍성해집니다. 모든 존재를 무의미하게 만드는 죽음이 사실은 모든 존재를 빛나게 만드는 셈입니다. 그것이야말로 죽음이 가진 진짜 힘이 아닐까 합니다.

네 번째 문

어떻게 살아야 만족스럽고
행복할 수 있을까?

인생이라는 영화에서 멋진 주인공이 되기 위해

오비디우스는 세상이 카오스에서 생겨나 코스모스가 된다는 것,
그 속에서 사랑의 원리가 작동한다는 이야기를 통해
신화를 역사로 그립니다.
이야기를 짓는 것만이 아니라 그 이야기로 해석되는
세계를 만든 셈입니다.

인생에서 주인공이 아닌 사람은 아무도 없다

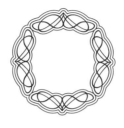

고대 로마에 오비디우스라는 사람이 있었습니다. 오비디우스는 사랑을 노래하는 시인이었는데요. 그의 연애 시는 귀족부터 평민, 노예에 이르기까지 수많은 사람들의 마음을 사로잡았습니다. 『사랑의 기술』, 『여걸들의 편지』, 『사랑도 가지가지』, 『변신 이야기』 등 많은 시를 썼고, 그가 쓴 시들은 큰 화제가 되었어요. 그럴 법도 한 게, 내용이 좀 자극적이었거든요.

오비디우스는 많은 사람과 즐거운 사랑을 나누면 인생이 행복해진다고 이야기하는 사람이었습니다. 오비디우스의 주장에 따르면 인생이 아름다운 건 사랑을 하기 때문이고, 인생이 재미없는 건 사랑을 하지 않기 때문이라고 합니다.

대표적인 작품 『사랑의 기술』은 남녀가 어떻게 해야 상대방의 마음을 얻을 수 있는지 가르쳐주는 시인데, 남자들에게는 이런 충고를 해요. '아낌없이 칭찬하라, 선물과 편지를 자주 보내라, 최대한 불쌍하게 보여라.' 상대에게 다가갈 시점을 잘 선택하라는, 즉 타이밍이 중요하다는 말도 있습니다. 다음에 이어지는 2부에서는 어렵게 얻은 사랑을 지키는 방법을 알려주는데요. 외모보다는 교양을 쌓고, 상대와의 일을 떠벌리지 말라고 합니다. 노예처럼 굴라는 말도 있어요. 3부는 여자들에게 하는 충고인데, 앞부분과 마찬가지로 현대인들이 봐도 고개를 끄덕일 만한 내용들이 꽤 많습니다. 이 시에는 속된 말로 양다리를 걸치거나 썸을 타는 기술까지 쓰여 있어요. 실연의 아픔을 극복하는 법도 잊지 않고 언급합니다. 참 세심하지요?

오비디우스의 작품 중에는 심지어 화장법을 가르쳐주는 시도 있습니다. 남자를 유혹하는 화장술, 정숙한 여성으로 보이는 화장술 같은 것을 알려주니 사람들이 좋아할 수밖에요.

하지만 그의 작품들은 인기만큼이나 논란도 많았습니다. 불륜이나 자유연애에 대해서도 '그게 뭐 어때서?' 하는 식이었거든요. 아니, '그래야 인생을 더 아름답고 재미있게 보낼 수 있는 거야'라는 불량한 조언으로 정숙한 사람들을 들쑤시는 것 같았지요. 물론 오비디우스의 시가 진짜로 그런 행위를 부추기려고 쓴 것이라고 하기는 어려울 거예요. 그의 시를 읽고 타락한 사람도 있을 수 있겠지만, 보통은 그저 허구의 세계에서 자기 욕망을 풀어내는 것이라고 볼 수 있거든요. 상식적인 사람이라면 게임이나 영화를 즐긴다고 해서 그 주인공의 행위를 따라 하지 않잖아요.

인간의 마음속 깊은 곳에는 부적절한 욕망이 있습니다. 그런 욕망을 실제로 풀다가는 범법자로 낙인 찍히고 감옥에 가는 등 낭패를 볼 수 있지요. 그렇다고 풀 수 있는 길이 완전히 없는 건 아닙니다. 상상의 세계 속에서 이야기 안에선 얼마든지 가능합니다. 판타지 같은 것이죠. 실제로 불륜을 저지르고 여러 상대를 만나지는 않더라도 오비디우스의 시를 보면서 그런 욕망을 충족하거나 한바탕 깔깔거리며 소진하는 거예요. 하지만 소위 점잖은 사람들 입장에서는 선정적인 시가 사람들의 입에 오르내리며 유행하는 상황이 못마땅했겠죠. 특히 오비디우스라는 이름만 들어도 눈살을 찌푸리는 사람이 있었으니, 바로 로마에서 가장 높은 사람인 황제였습니다.

오비디우스는 기원전 43년에 태어나서 서기 17년에 죽었어요. 아우구스투스가 황제의 자리에 오르고 로마가 제국으로 변모한 시기입니다. 이전까지 로마는 무척 혼란스러웠습니다. 루비콘 강을 건너 로마를 평정한 카이사르는 권력을 잡은 지 얼마 되지 않아 암살당하고, 다시 내전이 벌어졌지요. 이 내전에서 승리한 아우구스투스는 카이사르와 같은 일을 당하지 않기 위해 정적들을 관리하는 한편, 로마를 정의롭고 건전한 나라로 만들려고 노력했습니다. 그런데 연애 얘기만 하는 시들이 유행하니 골치가 아팠던 거예요. 게다가 아우구스투스의 딸과 손녀까지 오비디우스와 어울리며 스캔들을 뿌려댔습니다. 오비디우스가 얼마나 눈엣가시였겠어요.

결국 아우구스투스는 『사랑의 기술』이 너무 외설적이라는 이유로 오비디우스를 로마에서 추방해버립니다. 로마의 동쪽 끝 흑해 연안에 있던 토미스로 쫓겨나 죽을 때까지 거기에 있어야만 했어요. 금서가 된 『사랑의 기술』은 유포가 금지됐어요. 아우구스투스의 딸 율리아도 추방을 당해요. 아우구스투스는 그만큼 냉철한 사람이었습니다. 자기가 세운 법과 원칙에 어긋나면 딸이라도 봐주지 않은 것이지요. 그때 오비디우스가 쓴 시가 참 의미심장합니다.

'당신이 수많은 나라를 정복해서 로마를 확장했고 지금 이 제국을 지배하지만, 내가 문학적 상상력으로 구축한 세계 속에서는 당신도 나를 어찌할 수 없을 것이오.'

황제가 오비디우스라는 사람을 추방할 수는 있지만, 오비디우스의 작품과 그 사상까지 몰아낼 수는 없잖아요. 오비디우스는 자신 있게 말합니다.

'당신은 로마를 계속 넓혀나가시오. 나의 시는 당신이 지배하는 곳곳에서 읽힐 것이오. 사람들은 나의 시를 읽으면서 삶을

꾸고 즐거워하며 행복해할 것이오.'

그러면서 시의 말미에 '황제 당신, 만수무강하시길. 그러나 나의 시도 영원히 남을 것입니다.' 이런 인사를 남깁니다.

오비디우스가 한 말은 어찌 보면 문학의 힘이라고 할 수 있어요. 자기가 쓴 작품 안에서는 작가가 황제나 마찬가지거든요. 아니, 황제보다 더 높은 신과 같은 존재이죠.

흑해 연안으로 쫓겨난 오비디우스는 죽을 때까지 로마로 돌아오지 못했습니다. 로마 시의회는 2017년 12월에 오비디우스의 추방령을 취소했어요. 오비디우스가 죽고 나서 무려 2천 년이라는 시간이 흐른 뒤에야 일어난 일입니다. 그렇게 긴 세월 동안 오비디우스는 사람들에게 잊히지 않았고, 수많은 예술가들에게 영향을 주었습니다. 그의 작품들은 지금까지 전해지고 로마의 영토와 시대를 넘어 전 세계 사람들이 즐기고 있습니다. 오비디우스의 말대로 된 셈이지요.

왜 텅 빈 무대를 바라보고 있는가?

저는 오비디우스 이야기를 할 때마다 미국의 작가 존 바스가 한 말이 떠오릅니다.

"누구나 자기 인생이라는 이야기에서는 주인공이다."

제가 참 좋아하는 말인데요. 존 바스의 말대로 우리는 모두 저마다 인생에서 주인공(Hero)입니다. 지위가 높은 사람이든 낮은 사람이든, 부자이든 빈자이든 마찬가지입니다. 설사 주위의 비웃음을 살 만한 삶을 사는 사람이라고 한들 다르지 않습니다. 살아가는 데 있어 무엇을 어떻게 해야 할지 머릿속에서 떠올리고, 고민하고, 선택하고, 행동하는 사람은 '나'입니다. 아주 사소한 행위라고 해도 자기가 생각하고 결정해서 움직여요. 자기 인생에서 주연이 아닌 사람은 아무도 없습니다.

이런 이야기를 하면 아내에게 한소리 들을지도 모르겠는데, 제 아내는 현빈이라는 배우를 무척 좋아합니다. 그 배우가 나오는 드라마나 영화는 빼놓지 않고 보더라고요. 그런데 아내가 아무리 현빈 씨를 좋아한다고 하더라도 그분이 제 아내의 인생에서 주연은 아니거든요. 아내 인생의 주연은 아내입니다. 남편인 저도 다를 바 없습니다. 아내가 써내려가는 인생이라는 영화에 초대받아 출연하는 조연일 뿐이에요. 이런 가정은 하고 싶지 않지만, 만일 어떤 상황에서 아내가 자기 목숨을 바쳐 저를 살린다고 하더라도 제가 아내 인생에서 주연이 될 수는 없습니다. 그런 결정을 내린 사람은 아내이니까요. 영화 속 주인공이 영웅적인 죽음을 택하듯 자기 인생의 이야기를 쓴 것이죠.

그런데 많은 사람들이 그 사실을 의식하지 못해요. 자기가 자기 인생의 주연임을 잊고 삽니다. 혹은 그렇다는 사실만 알고 있을 뿐, 그 중요성은 모르고 있는 것 같아요. 또는 자기의 삶은 초라하고 보잘 것 없다고 폄하하기도 해요. 나는 아무것도 아니야, 이렇게 생각하는 사람을 만날 때면 정말 안타까워요. 내 인생, 내 세계에서만큼은 내가 황제보다도 귀한 존재인데, 왜 그런 '나'를 하찮게 여기는 것일까요?

성적을 비관하거나 입시에 실패했다는 이유로 자살을 택한 학생들의 소식을 접할 때면 마음이 아픕니다. 한국은 자살률이 무척 높은 나라예요. 매년 발표되는 자료를 보면 언제나 OECD 국가 중 1, 2위를 다투고 있습니다. 청소년 자살률 역시 높습니다. 특히 자살을 시도한 청소년의 수는 2016년에서 2018년에 이르는 동안 열 배나 증가했다고 합니다. 살아갈 날들이 창창하게 남아 있는데 삶을 포기하려 한다니, 그리고 그런 아이들의 숫자가 그토록 빨리 늘고 있다니 참으로 슬픈 현실입니다.

성공의 기준이 획일화되어 있고, 그 기준을 넘지 못하면 부족하거나 모자란 사람으로 인식되는 사회에서 스스로를 존중하며 살기란 쉽지 않을 것입니다. 많은 사람들이 자신의 인생을 섣불리 판단합니다. 수능을 망쳤으니까, 돈을 잘 못 버니까 망한 인생이라고 생각해버려요. 오죽하면 '이번 생은 포기'라는 말이 생겨났을까요. 다들 우스갯소리처럼 하는 말이지만, 저는 그 농담 안에 뼈아픈 진실이 담겨 있는 것 같습니다. 그리고 왜 우리가 그런 생각을 하게 되었을까 생각해보게 됩니다.

이렇게 공부를 못해서 나중에 뭐가 될래, 대학 안 나오면 사람 취급 못 받는다, 그래도 남들만큼은 살아야지. 우리는 어릴 때부터 이런 말을 듣고 자라요. 그러면 은연중에 그런 믿음이 생깁니다. 그래서 공부를 못하면 앞날을 깜깜하게 보고, 좋은 대학을 나오지 못하면 큰일 날 것 같아 불안해하고, 남들만큼 못 사는 걸 창피한 일로 느낍니다. 비교와 경쟁, 기대와 압박 속에서 자란 탓에 그런 잣대로 자신을 판단하는 거예요. 그러다 보니 자꾸만 나는 저 사람보다 못났어, 제대로 할 줄 아는 게 없어, 뭘 해도 잘할 수 없을 것 같아, 라는 식으로 스스로를 저평가하게 됩니다. 자존감이 낮아지는 겁니다.

이런 문제의식 때문인지 몇 년 전부터 자존감이라는 단어가 부쩍 눈에 띕니다. 소비자들을 공략해야 하는 기업들은 자존감을 중요한 키워드로 인식하고 있고, 부모들을 대상으로 하는 양육서에서도 자존감이라는 말이 강조됩니다. 하지만 여전히 낮은 자존감을 호소하는 사람들이 많습니다. 자신이 주인공인데도 불구하고 인생이라는 무대의 중앙에 서는 대신 한쪽에 비켜서서 텅 빈 무대를 바라보고 있는 것이죠.

나의 역사와 세계를 만드는 위대한 사람

저는 제 아이들이 자라는 동안 '네가 인생의 주인공임을 잊지 말라'는 말을 여러 번 해주었습니다. 학생들에게도 꼭 이야기합니다. 여러분이 여러분 삶의 주인공이다, 그 삶이 한 편의 영화가 될 수 있도록 주인공을 멋지게 해내라, 라고 말이지요. 영화가 재미있으려면 너무 잔잔하기만 해서는 안 돼요. 물론 잔잔한 영화 중에도 좋은 영화가 많지요. 그렇지만 흥미진진하게 볼 수 있는 건 역시 파란만장합니다. 관객으로 하여금 잠시도 눈을 뗄 수 없게 만드는 영화들은 보통 스토리가 예상 밖으로 전개되지요. 그 속에서 주인공은 고통을 이겨내고 열악한 상황을 극복해요. 그러고는 결국 멋진 결말을 만들어냅니다.

우리 인생도 그래요. 어떻게 흘러갈지 전혀 알 수가 없습니다. 이것이 바로 우리가 삶을 포기하지 말아야 하는 이유입니다. 지금 나에게 주어진 환경이 나쁘다고 해서 주저앉지 않았으면 좋겠어요. 삶을 포기하지 않았으면 좋겠습니다. 그건 어떻게 보면 더 멋진 주연이 될 수 있는 기회거든요.

반대로 좋은 조건을 갖고 있다면 거기에 안주하거나 즐기기만 할 것이 아니라 자신을 둘러싼 온실을 박차고 나와 새로운 도전을 해볼 수도 있을 것입니다. 그렇게 더 멋진 이야기를 써나가는 것입니다.

부잣집에서 태어난 남자가 주인공인 연속극이 있다고 해봅시다. 주인공은 잘생기고 똑똑한데다 성격까지 좋아요. 아무 문제가 없는 거지요. 좋은 환경에서 행복하게 자란 주인공이 하는 일마다 전부 잘되는 것으로 연속극이 끝나버리면 보는 사람마다 이럴 거예요. "저게 뭐야?" 하나도 재미가 없잖아요.

사실 그런 주인공은 존재하지도 않습니다. 아무리 가진 게 많고 운이 좋더라도 인생이 내내 평탄하기만 할 수는 없어요. 누구나 그렇게 살고 싶지만 실제로 그렇게 되지는 않습니다. 겉으로 볼 때는 멀쩡한 것만 같은 사람들도 매번 나름의 어려움을 만나고 고민한단 말이죠. 때로는 열등감을 느끼거나 좌절하기도 합니다. 각자 자신의 어려움에 짓눌리지 않고 이겨내는 과정이야말로 멋진 스토리가 되는 겁니다. 그런 사람은 자신의 삶 속에서 돋보이는 주연배우가 되는 것이고요.

저에게도 그런 과정이 있었습니다. 지금은 다른 사람들의 눈에 제 인생이 괜찮게 보일 수도 있을 것 같아요. 어디 가서든 나쁜 대접을 받지 않는 직업을 가지고 있고, 제 이야기에 귀를 기울여주는 분들도 많으니 말입니다. 이렇게 책까지 쓰고 있잖아요? 얼마나 감사한 일인지 모릅니다. 현재의 저만 놓고 본다면 높은 자존감을 지닐 만한 환경에 있다고 할 수 있겠지만, 어린 시절에는 그렇지 못했어요.

저희 집은 형편이 그리 좋지 않았습니다. 어려운 가정환경은 사춘기 시절뿐만 아니라 대학을 다니며 진로를 고민할 때도 저에게 큰 부담이 되었어요. 대학원에서는 저보다 뛰어난 사람들 사이에서, 유학을 가서는 선진국의 다양한 프리미엄을 누리는 프랑스의 학생들에게 열등감도 느꼈습니다. 예전의 저는 제가 지금만큼 살수 있을 거란 생각을 하지 못했어요. 물론 지금도 굉장히 넉넉하다거나 누구를 부러워할 수 없을 만큼 모든 점에서 훌륭한 삶이라고는 할 수 없지만, 과거와 비교해보면 경제적으로나 정신적으로나 좀 더 편안하게 사는 것 같습니다.

무언가 마음대로 되지 않을 때, 사는 게 힘에 부친다고 느껴질 때면 저는 늘 이런 다짐을 했습니다. '이번에도 잘 이겨내자. 힘든 상황을 극복한 주인공이 더 멋지지 않는가!' 가끔은 오기가 생기기도 했습니다. 나에게 주어진 시련을 고분고분하게 받아들이고 싶지 않았어요. 내 인생이니까, 내가 주인공이니까, 시련과 한계를 이겨내고 지금보다는 훨씬 더 멋지게 살아내고 싶었습니다.

저는 이 이야기를 꼭 해주고 싶습니다. 주어진 시나리오대로만 움직이는 배우처럼 다른 사람들이 이래라 저래라 하는 대로 휘둘려 산다면 그 이야기, 그 삶은 도대체 누구의 것인가요? 내게 주어진 환경, 나의 한계, 다른 사람들의 편견에 갇히지 말고 그 안에서 움츠리며 살지 말고 그것을 뚫고 깨치고 나와 보세요. 내 인생의 스토리는 나만이 쓸 수 있는 것입니다. 그러니까 창의적으로 자신의 이야기를 써나가십시오.

자기 인생이 어떻게 흘러갈지 아는 사람은 단 한 명도 없습니다. 아직 끝나지 않은 인생을 '실패'라는 한마디 말로 규정하지 않았으면 좋겠어요. 현재의 내 모습이 마음에 들지 않는다고 해도 미래의 내 삶은 내가 어떻게 써나가느냐에 따라 얼마든지 달라질 수 있을 거예요. 지금까지의 이야기가 앞으로 어떻게 이어지고 달라질지, 혹은 반전이라고 할 만큼 커다란 변화가 생길지는 모르는 일이에요.

여러분이 지금까지의 이야기에서 앞으로의 이야기를 어떻게 그려내고 실천해 나가느냐에 따라 더욱 놀라운 이야기가 될 수 있을 겁니다. 우리가 할 수 있는 일은 더 나은 내일을 만들어내기 위해 오늘의 삶을 열심히 꾸려가는 것입니다.

물론 인생이란 마음먹은 대로 되지만은 않습니다. 어떤 사람들은 노력에 비해 큰 성과를 얻고, 반대로 어떤 사람들은 아무리 노력해도 일이 잘 풀리지 않지요. 성취가 따라오지 않으니 어느덧 자신감도 사라집니다. 내가 바라는 나의 모습과 현실의 내 모습이 너무 다르다 보면 자존감을 가지려고 해도 자꾸만 작아지지요. 누가 봐도 별 볼 일 없는 인생인데, 그런 자신을 어떻게 사랑할 수 있느냐고 항변하는 사람도 있을지 모릅니다.

그러나 자존감의 핵심은 타인이 아니라 본인에 의해 얻어지는 것입니다. 타인의 눈으로 자신을 판단하고 타인의 평가로 자신의 가치를 높이려 해서는 안 됩니다. 다른 사람에게 인정받기 위해 지나치게 애쓰는 사람은 오히려 자존감이 낮다고 할 수 있습니다. 스스로가 본인을 인정하는 게 먼저입니다.

다른 사람들도 칭찬하고 존경하는 삶을 산다면 더욱 좋겠지요. 하지만 그런 평가를 받아야만 훌륭하고 귀한 삶이라고 할 수는 없어요. 꼭 많은 사람들이 읽어주고 좋아하는 이야기의 주인공이어야 하는 건 아니거든요.

저는 가끔 그런 생각을 합니다. 나는 세상을 떠나는 순간에 과연 행복하게 눈을 감을 수 있을까? 내가 살아온 시간을 돌이켜보면서 만족스러운 미소를 지을 수 있다면, 나는 정말 잘 살았다고 할 수 있지 않을까? 그런대로 잘 버텼다. 이렇게 나 자신을 인정할 수만 있다면 괜찮은 것 아닌가?

누가 옆에서 박수를 쳐줄 수 있다면 물론 더 기쁘겠지요. 나의 죽음에 많은 사람이 애도하고 누군가가 나에게 참 잘 살았다고, 내 덕분에 행복했다고 말한다면 좋을 겁니다. 그러나 그 무엇보다도 내가 나를 칭찬해줄 수 있는 게 우선인 것 같아요. 제가 살아오면서 본 바로는, 주변에서 인정해주는 삶 또한 대체로 그런 듯합니다. 본인조차 만족하지 못하는 삶에 누가 칭찬을 해줄까요? 칭찬을 받는다고 해도 좋지 않을 것 같아요. 다른 사람의 칭찬이 나에게 기쁨이 되려면 그 말이 진심으로 느껴져야 하잖아요. '그래, 나 정말 잘했어'라고 생각하는 사람만이 그럴 수 있을 것입니다.

따라서 참된 자존감이란 남의 눈에는 특별한 게 없어 보일지라도 삶을 열심히 꾸려가고 있으며, 그런 스스로를 인정할 수 있는 사람, 진짜 자기 삶의 주인공으로 살아가려고 애쓰는 사람들이 가질 수 있는 것이에요. 객관적인 기준과 상관없이 한 사람, 한 사람의 존재와 인생을 존중해야 할 이유 또한 거기에 있습니다. 사실 객관적인 기준이라는 게 딱히 있지도 않은 것 같아요.

참된 자존감을 갖기 위해 잊지 말아야 할 것이 또 있습니다. 간혹 자존과 자만을 구분하지 못하는 사람이 있습니다. 자신을 귀하게 여긴다면 다른 사람도 귀하게 여겨야 옳거든요. 그럴 수밖에 없습니다. 내가 내 삶에서 주연인 것처럼 다른 사람도 그 사람의 삶에서 아주 소중한 주인공이잖아요. 상호인정을 해주어야 합니다. 내 삶에서 조연이라는 이유로 다른 사람들을 하찮게 대하면 안 되는 것이죠. 내 삶에는 그가 조연이고, 그의 삶에서는 그가 주연이고 내가 조연이니까요. 상호존중의 태도에서만 참된 자존감이 성립합니다.

소위 '갑질'로 나라 안팎을 떠들썩하게 했던 사람들의 면면을 살펴보면 자만을 자존이라 착각하고 있는 게 아닌가 싶어요. 안 그러면 어떻게 그런 식으로 다른 사람을 함부로 대할 수 있겠어요.

두 개의 옷걸이가 있었습니다. 한 옷걸이에는 비싸고 멋진 코트가 걸려 있었고, 다른 옷걸이에는 소박한 하얀 셔츠가 걸려 있었지요. 코트를 입은 옷걸이는 으스대면서 셔츠를 입은 옷걸이를 비웃고 멸시했어요. 잠시 후, 주인이 외출을 하려고 옷걸이에서 셔츠와 코트를 벗겨냈어요. 그러니 두 옷걸이는 똑같아졌지요. 어떤가요? 사람이 돈과 권력을 가지고 높은 위치에 있다고 으스대며 다른 사람을 우습게 본다면, 코트를 입었던 옷걸이처럼 자기가 대단하고 별다른 존재라고 착각한 것이니, 어리석기 짝이 없는 짓이에요. 외투를 입고 있다고 으스댈 것도 없고, 셔츠를 입었다고 기죽을 것도 없습니다. 우리는 모두 똑같은 옷걸이 같은 존재며, 우리에게 주어진 모든 것은 그저 우연히 우리에게 잠시 걸쳐졌다 벗겨지는 옷과 같은 것들이지요. 주인이 돌아와 옷을 다시 걸 때, 걸쳐지는 옷이 완전히 뒤바뀔 수도 있다는 것을 명심해야겠지요.

『잃어버린 진실 한 조각』이라는 유명한 동화책이 있습니다. 그 책을 보면 아주 오래 전에 '진실'이 땅에 떨어지면서 두 조각이 났다고 나와요. 여러 동물들이 땅에 떨어진 진실 한 조각을 발견하지요. 그런데 진실 조각을 주운 동물들은 모두 그것을 다시 버립니다. 부서지고 조각난 것, 다시 말해 완전한 것이 아니거든요.

그런데 어느 날 한 남자가 그 진실 조각을 발견합니다. 거기에는 이렇게 적혀 있었어요.

"당신은 소중합니다."

남자는 너무나 행복했고, 그걸 자신의 무리들에게 보여주었어요. 하지만 많은 사람들을 행복하게 한 그 진실 조각이 문제가 되고 말았습니다. 그걸 갖기 위해 서로 싸웠거든요. 땅 위에 고통이 계속되자 결국 한 소녀가 세상을 바꾸기 위해 길을 나섭니다. 그리고 세상의 고통은 불완전한 진실 때문임을 알게 되지요. 소녀는 사람들이 모르고 있던 나머지 진실 한 조각을 찾아 돌아옵니다. 두 개의 조각은 딱 맞아 떨어지고, 비로소 진실은 완전해집니다. 다른 한 조각에 적힌 글은 이것이었습니다.

"그리고 그들 역시 소중합니다."

우리는 내가 소중하다는 사실에만 치중한 나머지 다른 사람 또한 소중한 존재임을 헤아리지 못하는지도 몰라요. 남보다 잘나야 한다고 교육받고, 꼴찌랑은 어울리지 말라는 소리를 듣습니다. 뒤처지면 큰일이 나는 줄 알아요. 1등만이 아니라 10등도, 30등도 다 가치 있는 존재인데, 하나의 잣대로 우열을 가리고 무시를 합니다. 사회에 나가서도 마찬가지예요. 재산이나 지위에 있어서 자기보다 못한 사람은 마치 막 대해도 되는 것처럼 여겨요. 아주 잘못된 생각이지요. 자리에는 높고 낮음이 있을지 몰라도 사람은 그렇지 않습니다.

자만심이 아니라 자존감이 높은 사람은 다른 사람도 귀하게 대접해줄 줄 압니다. 내가 나의 삶을 인정하고 긍정하며 열심히 살고 있는 것처럼 다른 사람 또한 그러하다는 사실을 알면 좋겠습니다. 그런 의식이 일반화되고 보편화된다면 우리 사회가 더 아름다워지지 않을까요?

황제보다 영예로운 시인의 세계

고대 그리스에서는 시인을 '포이에테스(poietes)'라고 했습니다. '포이에'라는 건 만든다는 뜻이었어요. 즉 포이에테스란 제작자와 같은 의미입니다. 우리말로 하면 지은이, 짓는 이가 되겠지요. 시는 '포이에마(poiema)'인데 이건 '만들어진 것'이라는 뜻입니다. 시인이 시를 짓는다는 건 그리스 어원을 따져보면 만들어진 것을 만든다는 뜻으로 훨씬 더 우스꽝스러운 동어반복적인 말이 됩니다.

그렇다면 시인이 대체 무엇을 만든다는 걸까요? 그 답은 바로 이야기입니다. 고대 그리스어로 이야기는 '미토스(muthos)'예요. 플라톤 용어 중에는 '미토포이오스(muthopoios)', 즉 '이야기를 만드는 자'라는 말이 있어요. 미토스는 신화(myth)의 어원이지요. 우리가 알고 있는 시인의 개념과 달리 고대 그리스나 로마 시대의 시인은 이야기를 만드는 사람이었습니다. 단순히 문학의 한 장르를 다루는 것이 아니라 마치 예언자처럼 신화와 같은 이야기를 만드는 존재였다고 할 수 있어요.

앞서 언급한 오비디우스는 신화에 관한 시를 많이 썼는데요. 세상이 카오스에서 생겨나 코스모스로 가고 그 속에서 사랑의 원리가 작동한다는 이야기를 통해 그리스 신화를 가져다가 로마의 신화로 거듭나게 하고, 나아가 하나의 역사로 그려줍니다. 그런데 그는 이야기를 짓는 것만이 아니라 그 이야기로 해석되는 세계를 만든 셈입니다. 아우구스투스는 로마제국이라는 세계를 만들었지만 오비디우스는 자신의 시 속에서 또 다른 새로운 세계를 만든 거예요. 그리고 그 세계에서 오비디우스는 현실의 황제보다 훨씬 영예롭고 명예로운 존재였던 것입니다.

시를 짓는다는 것은, 그래서 이야기를 짓는다는 것은 어쩌면 하나의 세계를 만드는 것인지도 모릅니다. 한자를 봐도 그렇거든요? '시'는 한자로 '詩'입니다. 말씀 '언(言)'의 뜻과 절 '사(寺)'의 발음이 결합된 글자라고 해요. 엉터리 분석일 수 있지만, 저는 중국 사람들이 이 글자를 그냥 단순하게 만든 것 같지 않습니다. 말로 만든 절, 그러니까 언어의 신전을 짓는 일이 시를 쓰는 일이라는 생각이 들었거든요.

시에 흠뻑 빠진다는 건 시인이 만든 하나의 신전 속에 거하는 것입니다. 우리가 책을 읽으면 그 책을 쓴 작가가 만들어놓은 세계에 들어가는 것과 같잖아요. 실제로는 살아본 적 없는 새로운 세계를 여행하는 것이나 다름없거든요.

그렇게 보면 사람은 누구나 다 시인이라고 할 수 있어요. 자신만의 세계를 만들어나가는 사람이지요. 그 안에서는 내가 주인공이고 나의 세계는 내가 삶을 통해 몸으로 부딪혀 겪으며 만들어낸 이야기로 채워집니다. 그건 곧 나의 역사가 됩니다.

평범하고 보잘 것 없는 삶이라고 기죽을 필요 없습니다. 어떤 삶이든 그 속을 들여다보면 다양한 일들이 일어나고 흥미진진한 부분이 있거든요. 저는 인간에게 그런 상상력이 있다고 생각합니다. 지금 닥친 어려움도 훗날 나의 역사를 더 흥미진진하게 만들어주는 하나의 에피소드가 된다는 믿음이 있다면 견뎌낼 수 있을 것이라고 봅니다. 이런 믿음이야말로 살아가는 힘이 되는 게 아닐까요? 그 믿음은 단순히 어려운 현실을 잊게 만드는 공허한 허구가 아니라 새로운 현실을 만들어낼 창조의 힘이 됩니다. 미래에 현실이 될 현재의 허구를 아름답게 상상하고, 그 힘으로 나의 세계를 실제로 만들어갈 수 있는 것입니다. 그러니 나는 내 인생의 시인이고 주인공임을 어느 순간에도 잊지 말아야 합니다. 나는 나의 이야기와 역사를, 그리고 세계를 만들어가는 사람임을 부디 잊지 않았으면 좋겠습니다.

다섯 번째 문

세상의 한 조각으로서
나는 무엇일 수 있을까?

개인은 미약하나 시민은 강하다

오뒷세우스는 더 이상 물러설 수 없는 극한 상황에서
자신은 '아무것도 아닌' 존재임을 확인해야 했습니다.
오뒷세우스는 '나는 아무것도 아니다'라는 걸 내뱉고
난 순간에야 다시 무언가가 되기 위한 필사적인 노력을 시작했습니다.
내가 아무것도 할 수 없다고 생각하게 될 때가 그걸 딛고
일어설 힘을 낼 수 있는 때인 것이지요.

거대한 사회 속 개인의 힘

선거철이 되면 나라가 들썩거립니다. 선거에 출마한 후보들은 이렇게 열심일 수 있을까 싶을 만큼 바쁘게 움직이지요. 한 표라도 더 확보하고자 갖가지 방법을 동원해서 유세활동을 펼칩니다. 목이 쉬도록 연설을 하고, 거리를 지나가는 시민들에게 인사를 하면서 악수를 나눠요. 유세차량에서는 종일 선거송이 흘러나옵니다. 체면이고 뭐고 없다는 듯 신나게 춤을 추기도 합니다.

그에 반해 정작 투표자들의 반응은 뜨뜻미지근한 것 같습니다. 각 후보들의 공약을 적극적으로 살펴보고 누구를 뽑아야 할지 고민하는 사람들도 있지만, 대다수는 회의적인 반응입니다. 투표율은 이런 민심을 반영합니다. 가장 최근에 있었던 2018년 전국동시

161

지방선거에서는 열 명 중 네 명이 자신의 권리를 행사하지 않기도 했지요.

누가 국회의원이 되고 누가 시의원이 되든지 상관없다고 말하는 사람들이 있습니다. 어느 쪽이 권력을 잡든 서민들의 팍팍한 삶은 좀처럼 바뀌지 않는다 푸념합니다. 아마 부정적인 경험이 불쾌하게 반복된 탓일 것입니다. 후보들의 이력이나 행보에 실망한 적도 있을 것이고, 자신이 뽑은 후보가 당선되었음에도 별반 달라진 게 없다는 이유로 낙심한 적도 있을 것입니다. 이해할 수 없는 정치판의 모습에 혐오감을 표출하는 사람들도 적지 않습니다.

투표를 해도 바뀌는 게 없다는 생각은 내가 투표를 해봤자 아무 소용이 없다는 생각으로 이어지고, 자극적인 큰 이슈가 아니고서는 대체로 정치에 무관심해지고 맙니다. 대중의 이런 심리를 악용해 정치적 포퓰리즘을 행사하려는 정치인들이 하나둘 이름을 떨치면 정치에 대한 혐오는 더욱 극에 달하게 되고 악순환은 반복되지요.

빠르고 복잡하게 변화하는 사회에서는 정치적 소외감을 느끼는 사람들도 더 빨리 늘어나게 마련입니다. 사회는 복잡다단해지는데 비해 기존의 법조항이 현 세태에 맞춰 바뀌는 데에는 굉장히 오랜 시간과 과정, 노력, 많은 사람의 희생이 필요하다 보니, 시민으로서 마땅히 누려야 할 권리를 못 받는 것 같기 때문이죠.

힘없는 사람의 입장에서는 사회가 마치 거대한 벽처럼 느껴지기

쉽습니다. 바꾸어 보겠다는 엄두가 안 나는 겁니다. 내가 호소해봤자 아무도 들어주지 않을 것이다, 내가 나서봐야 아무것도 달라지지 않을 것이다, 라는 생각이 팽배해지지요.

어두운 밤, 반짝이는 불빛들로 빼곡한 도시를 내려다 본 적 있으신가요? 나 하나 없어도 아무런 상관없다는 듯 열심히 돌아가는 도시에 소외감이 느껴지곤 합니다. 거대한 사회에 비해 나는 너무나 작고 보잘 것 없이 느껴집니다. 그럴 때 생각하게 됩니다.

"나는 그저 거대 사회에 속한 한낱 작은 부품일 뿐인 걸까?"

수천 년 전 그리스에서 오뒷세우스가 여러분에게 말을 거는 순간입니다.

'아무도 안'인 사람의 반격

호메로스의 『오뒷세이아』를 보면 이런 이야기가 나옵니다. 동료들과 함께 표류하던 오뒷세우스는 시칠리아 섬의 해안에 이르렀습니다. 그곳은 퀴클롭스들이 사는 섬이었어요. 퀴클롭스는 보통 그리스 신화의 첫 부분에 등장하는 대지의 여신 가이아와 그 아들 우라노스 사이에서 태어난 외눈박이 거인 부족을 말합니다. 그러나 오뒷세우스가 만난 퀴클롭스의 이름은 폴뤼페모스로, 토오사라는 님프와 바다의 신 포세이돈 사이에서 태어난 아들이에요. 아주 난폭하고 무시무시했지요.

오뒷세우스는 빈 동굴에서 동료들과 함께 주인을 기다리고 있었어요. 밤이 되어 동굴로 돌아온 폴뤼페모스는 오뒷세우스 일행을 만납니다. 괴물 같은 거인을 보자 모두들 우왕좌왕했지만 도망치는 건 불가능했습니다. 폴뤼페모스가 커다란 바위로 동굴의 입구를 막아버렸거든요. 폴뤼페모스는 두 사람을 한 손에 하나씩 쥐고는 무자비하게 먹어치웁니다. 폴뤼페모스가 사람을 먹어치우는 장면은 여러 줄에 걸쳐 쓰여 있어요. 땅바닥에 내리쳐서 갈기갈기 찢어 먹었다고 하는데, 묘사가 꽤 잔인합니다.

생사를 넘나드는 전쟁터에서 함께 싸운 전우들이 그토록 끔찍하게 최후를 맞았으니 오뒷세우스의 기분이 어땠을까요? 아마 무척 화가 났을 겁니다. 분노 뒤에는 두려움도 있었을 거예요. 인간의 힘으로는 어찌할 수 없을 만큼 강하고 무지막지한 상대를 마주하고 있었으니까요.

폴뤼페모스는 남은 일행들을 향해 내가 너희를 저녁마다 한 명씩 먹을 것이다, 라고 말합니다. 그리고 오뒷세우스를 가리켜 묻지요. "너의 이름을 내게 말하라" 그러자 오뒷세우스가 답합니다. "나의 이름은 '아무도 안'입니다." 여기서 '아무도 안'은 그리스어 '우티스(outis)'를 번역한 말입니다. 우티스는 영어로 하면 '노바디(nobody)'예요. "my name is nobody" 다른 말로 한다면 이것이 오뒷세우스의 대답이었어요. 자기는 아무것도 아니라는 것이었지요.

오뒷세우스는 폴뤼페모스의 비위를 맞추며 포도주를 먹이고, 폴뤼페모스가 취해서 잠들자 동료들과 함께 거대한 말뚝을 날카롭게 깎은 뒤 불에 달굽니다. 그러고는 폴뤼페모스의 눈을 찌르지요.

폴뤼페모스가 고통스러워하며 비명을 내지르자 다른 퀴클롭스들이 찾아왔습니다. 그들이 동굴 밖에서 물었어요. "무슨 일이야?" 폴뤼페모스는 눈을 찔렸다고 하자 친구들이 다시 묻습니다. "누가 그랬는데?" 폴뤼페모스의 대답은 이랬습니다. "'아무도 안'이 그랬어!"

분명 맞는 말이에요. 폴뤼페모스는 오뒷세우스를 '우티스', 즉 '아무도 안'이라는 이름으로 알고 있었으니까요. 하지만 들은 사람 입장에서는 어땠을까요? 누구 짓이냐고 물었는데 '아무도 안'이라고 하니까 아무도 안 그랬다는 뜻으로 이해할 수밖에 없어요.

다른 퀴클롭스들은 고개만 갸웃거리다가 말합니다. "아무도 안 그랬는데 눈을 찔렸다니 별일이 다 있네. 신의 저주라도 받았나 보군." 결국 폴뤼페모스의 친구들은 신의 벌이라면 자신들도 도울 방법이 없다는 말을 남기고 그냥 돌아갔습니다. 오뒷세우스와 남은 동료들은 눈이 먼 폴뤼페모스를 뒤로 하고 무사히 섬을 떠나게 되지요.

오뒷세우스의 재치가 정말 감탄스럽지 않나요? 자기 이름을 '아무도 안'이라고 말함으로써 폴뤼페모스가 친구들의 도움을 받지 못하도록 만들었고 결국 위험에서 탈출했으니까요.

그런데 오뒷세우스는 앞으로 생길 일들을 예상하고 뛰어난 지략으로 위험에서 빠져나온 걸까요? 어쩌면 오뒷세우스는 철저하게 계획하고 '아무도 안'이라는 이름을 댄 것은 아닐지도 모릅니다.

오뒷세우스는 머리가 좋기로 유명한 자였습니다. 전투에 능했던 아킬레우스와 달리 오뒷세우스는 뛰어난 지장(智將)으로서 트로이아 전쟁을 승리로 이끌었습니다. 트로이아목마 작전을 세운 사람이니 최고의 영웅 중 하나라고 할 수 있지요. 그는 자신의 실력을 믿었으며 자신의 명성 또한 잘 알고 있었습니다. 스스로에 대한 자신감이 대단했던 그는 자신의 이름을 모든 사람들이 기억하도록 줄곧 "나는 라에르테스의 아들 오뒷세우스다"라고 당당하게 말했지요. 그랬던 그가 자신에 대해 묻는 폴뤼페모스에게 '나는 아무도 안'이라고 말했던 것입니다. 자신의 이름을 자랑스러워했던 사람이 도저히 손쓸 수 없는 상황에 직면하자 내뱉은 말이 바로 그것이었습니다.

동료들이 죽는 것을 그저 지켜볼 수밖에 없는 무력한 전우이자 지도자로서 오뒷세우스는 상당한 절망과 열패감을 느꼈을 것입니다. 자신도 곧 그들처럼 처참하게 죽을 판국이었어요. 인간이 부딪힐 수 있는 가장 극한 상황이었던 거죠. 오뒷세우스는 이런 생각을 했을지도 모릅니다. '나는 아무것도 할 수 없구나. 나는 아무것도 아니구나.' 이러한 자조적인 감정이 곧 "I am nobody."라는 말로

야콥 요르단스, 「폴뤼페모스의 동굴 안에 갇힌 오뒷세우스」, 17세기 초, 96×76cm, 캔버스에 유채, 푸슈
킨미술관

TARQVINIVS PRISCVS REX · 5 · CIR'
CVM MAXIMVM ROMÆ ÆDIFICAVIT
CAPITOLIVM INCHOAVIT, DOLOSE
INTERFECTVS · IMPERII ANN · 37 ·

고대 로마 최후의 제 7대왕 타르키니우스. 자신의 아버지이자 왕을 죽이고 왕위에 앉았다. 브루투스 등의 반
란으로 로마에서 추방되었고, 이후 로마에서는 공화제가 시작되었다.

표현된 것입니다.

내가 할 수 있는 게 아무것도 없다는 생각이 들 때, 예를 들어 아끼는 사람들이 고통 받는 모습을 그저 지켜볼 수밖에 없을 때 나의 존재감을 인정하지 않게 됩니다. 무력한 자신을 원망하다 못해 부정하게 되는 것이지요.

그런데 역설적으로 그 순간에 오뒷세우스는 힘을 발휘했습니다. 더 이상 물러설 수 없는 상황에서 거대한 적을 물리치고 자신은 '아무것도 안'인 존재가 아님을 확인했어요. 어쩌면 '아무도 안'이라는 이름을 내뱉고 난 순간에야 다시 무언가가 되기 위한 필사적인 노력이 시작되는 것인지도 모릅니다.

내가 아무것도 할 수 없다고 생각하게 될 때가 그걸 딛고 일어설 힘을 낼 수 있는 때인 것이지요.

로마 공화정을 수립한 한 사람의 힘

저는 오뒷세우스 같은 사람들을 많이 봅니다. 평소에는 마치 존재하지 않는 것처럼 자신의 목소리를 내지 않은 채 살던 그들은 극한 상황에 처하면 언제 그랬느냐는 듯 힘을 냅니다. 부조리한 일에 희생되고 피해를 입은 가족이나 본인의 억울함을 풀기 위해 정치적인 행동을 합니다. 1인 시위를 하고, 사회운동에 뛰어들고, 시민 단체를 만들며, 때로는 새로운 법이나 국가기구가 만들어지는 데 크게 기여하기도 하지요.

지렁이도 밟으면 꿈틀한다는 속담이 있잖아요. 근데 그 움직임이 꿈틀거림에 그치지 않고 큰 파동으로 번지는 것입니다. 많은 사람들이 오뒷세우스가 그랬듯이 험악한 꼴을 당하고 자신이 아무 것도 아님을 처절하게 깨달은 그 순간에 오히려 새롭게 일어나고는 합니다.

오뒷세우스는 '아무도 안'이라고 자신의 이름을 대면서 스스로에게 물었을 것입니다. 나는 정말 '아무도 안'일까? 그러면서 오기가 발동하고 지혜와 용기가 되살아났겠지요. 그래서 폴뤼페모스에게 술을 먹여 재우고 눈을 찌른 겁니다. 가장 절망적인 순간에 내뱉었던 말이 문제를 해결하는 돌파구가 되었던 겁니다.

외눈박이 거인이 괴로워하는 사이, 오뒷세우스 일행은 시칠리아 섬을 떠나기 위해 배를 띄웠습니다. 폴뤼페모스는 앞이 보이지 않는 상황에서도 더듬거리며 자신의 눈을 찌른 자를 찾았습니다. 그 커다란 손에 잡히면 죽을 수도 있는 상황이었지만, 오뒷세우스는 떠나기 직전에 위험을 무릅쓰고 소리칩니다.

"퀴클롭스, 만약 죽을 수밖에 없는 인간들 중에 누가
눈이 치욕스럽게 먼 것에 대해 묻거든

말하라, 도시의 파괴자 오뒷세우스가 멀게 했다고
라에르테스의 아들, 이타카에 집을 가진 자가!"
오뒷세이아, 9권 502~505행

오뒷세우스가 자신의 이름을 크게 외치는 이 장면은 굉장히 극
적입니다. 아무 것도 아닌 자가 비로소 이름을 가진 무언가가 되는
순간이지요.

일견 아무 것도 아닌 것만 같은 개인의 힘은 결코 미미하지 않습
니다. 한 나라의 정치체제가 한 사람의 영향력에 의해 송두리째 뒤
바뀌기도 합니다. 왕이 다스리는 나라였던 고대 로마가 공화정으
로 바뀐 계기는 단 한 사람의 용기 있는 행동이었습니다.

로마의 일곱 번째 왕 타르키니우스는 자신의 아버지를 죽이고
왕이 된 사람입니다. 부정을 배신할 만큼 냉혹했던 타르키니우스
는 아나나 다를까 폭정을 일삼는 사람이었지요. 그의 셋째 아들인
섹스투스 또한 질이 나빴습니다.

섹스투스는 아버지 타르키니우스가 로마를 비운 사이에 루크레
티아라고 하는 귀부인을 협박하여 겁탈했습니다. 루크레티아는 수
치심을 무릅쓰고 자신의 남편과 시아버지, 친척을 불러 모읍니다.
자신에게 있었던 일을 알리기 위해서였습니다. 내가 왕의 아들에
게 이렇게 당했다, 나의 한을 풀어다오, 이렇게 이야기하면서 가족
들에게 복수를 맹세시키지요. 그런 다음 루크레티아는 자결합니

다. 이 일은 수많은 로마 시민들을 분노케했습니다. 루크레티아 사건은 그동안 참아왔던 시민들의 분노를 일순간 폭발시켰고 결국 타르키니우스를 몰아냈습니다. 영원할 것만 같던 로마 왕정은 막을 내리고 마침내 로마 공화정이 수립되는 계기가 되었지요.

공화정(republic)이라는 단어는 옛 로마인들이 사용하던 라틴어로 민중을 뜻하는 'publica'와 '사물'을 뜻하는 'res'가 합해진 'res publica'에서 유래되었습니다. 국가 공동체는 왕이나 귀족 같은 일부의 소유가 아니라 구성원인 민중의 것이라는 뜻입니다. 공화정 체제의 로마에서 가장 높은 관직은 집정관이었습니다. 집정관은 두 명으로, 원로원에서 투표를 통해 뽑았어요. 하지만 거기서 뽑히면 끝이 아니었고, 반드시 민회의 허가를 받아야 했습니다. 원로원에서 추대해도 민회에서 거부권을 행사하면 그 사람은 집정관의 자리에 앉을 수 없었던 거예요. 그런 식으로 시민들의 권리와 힘이 보장되었습니다.

이런 제도는 기원전 509년에 생겨서 아우구스투스가 최초의 황제로 등극하기까지 500년 가까이 지속되었습니다. 로마가 제국이 된 뒤에도 공화정과 민회 체제는 사라지지 않아요. 황제에 오른 아우구스투스는 정교한 정치적 시스템을 만들어서 시민의 힘을 어느 정도 보장하는 동시에 황제도 그에 맞는 권한을 쥘 수 있게끔 했거든요.

루크레티아의 성토가 단숨에 로마의 정치제도를 바꿨다고 할 수는 없을지도 모르지만, 그것 또한 하나의 큰 계기였음이 분명합니다. 어떻게 보면 이토록 긴 로마 공화정의 역사가 한 여인의 저항으로부터 시작된 것이라고 볼 수도 있겠습니다.

루크레티아 이야기는 단지 전설이라는 주장도 있습니다. 하지만 로마시민들은 이 전설을 통해 한 개인의 결단과 결연한 행동이 역사를 바꿀 수 있다는 신념을 다져왔다는 사실에 주목할 필요가 있습니다.

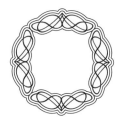

로마가 기원전 509년에 공화정을 시작한 것과 거의 비슷한 시기에 그리스 아테네에서는 민주주의가 꽃피었습니다. 그 시기를 대략 기원전 508년에서 507년 사이로 잡는데, 이를 주도한 아테네의 정치가 클레이스테네스를 "아테네 민주주의의 아버지"라고 부릅니다. 민주주의(democracy)라는 단어는 그리스어로 민중을 뜻하는 'demos'와 지배를 뜻하는 'kratos'가 결합하여 만들어진 것입니다. 민중이 권력을 잡는 정치체제라는 뜻이지요. 고대 그리스의 아테네에서 행해진 정치 제도는 말 그대로 민중이 지배하는 직접 민주주의였습니다. 지금과는 사회의 복잡성이나 인구의 숫자가 다르기 때문에 가능한 일이었지요.

아테네의 민주주의는 직접 민주주의인 만큼 시민 한 사람, 한 사람이 가지는 힘이 무척 강력했습니다. 아테네인들은 권력이 한 사람에게 집중되는 것을 원하지 않았어요. 이를 막기 위해 대표적으로 도편추방제라는 제도를 도입합니다. 일 년에 한 번씩 도편, 즉 도자기 파편에 추방할 사람의 이름을 적는 거예요. 추방 대상은 독재를 할 가능성이 있는 사람이었습니다. 너무 잘나거나 똑똑한 사람, 야심이 큰 사람이다 싶으면 우선 경계를 했지요. 가장 많은 표를 얻은 사람은 일정 기간 아테네 밖으로 쫓겨났습니다. 그러니까 아테네 시민들은 누군가를 지도자로 뽑을 수 있는 힘뿐만이 아니라 누군가를 정치에서 배제시키는 힘도 가지고 있었습니다.

이 과정에서 억울하게 쫓겨나는 이도 있었습니다. 대표적으로 아리스테이데스라는 사람이 있어요. 아리스테이데스는 페르시아 전쟁에서 큰 공을 세운 장군인데, 아주 탁월한 정치가였습니다. 특히 공정하기로 유명했는데, '공정한 사람'이라는 별명을 가졌을 정도였습니다.

도편추방제가 시행되던 어느 날 아리스테이데스도 투표에 참석했습니다. 그런데 곁에 있던 한 노인이 말을 거는 겁니다. 시골에서 왔다는 그 노인은 아리스테이데스에게 자기 대신 글을 좀 써달라고 부탁합니다. 재미있는 사실은, 노인이 적어달라고 한 글자가 다름 아닌 아리스테이데스의 이름이었다는 것입니다.

아리스테이데스는 노인의 말대로 자신의 이름을 적으며 물었습니다. "이 사람이 뭘 잘못했기에 그러시나요?" 그러자 노인은 이렇게 대답했다고 해요. "뭘 잘못했는지는 모르겠는데 사람들이 하도 이 사람을 칭송하니까 너무 듣기가 지겨워서 말이오." 워낙 많은 사람들에게 신임을 얻으니 곧 권력을 잡겠다, 싶었는지도 모르지요. 시골에 사는 노인에게까지 퍼진 소문의 힘은 강력했습니다. 이 노인뿐만 아니라 많은 사람들이 아리스테이데스를 위험한 인물로 지목했고, 가장 많은 표를 얻은 아리스테이데스는 한동안 아테네에서 쫓겨나고 말았습니다.

아테네 시민들의 입김은 이처럼 강력했습니다. 투표로 잘난 사람을 쫓아냈을 뿐만 아니라, 누구라도 나랏일을 맡으면 다 잘 할 수 있다는 자신감에 가득 찬 시민들은 공직자도 제비뽑기로 정할 정도였어요. 그래서 재정이나 군사 등 전문적인 지식이나 기술을 요하는 직책을 제외하면 누구나 공직을 맡을 수 있었습니다.

심지어 판사도 따로 없었습니다. 매년 1월에 제비뽑기를 해서 그해의 판사를 뽑았어요. 그리고 재판이 열리는 날에는 그해의 판사로 뽑힌 5천 명이 넘는 시민 가운데에서 담당 판사 뽑기를 했지요. 거기에서 자기 이름이 나오면 누구든 재판에 참석해서 판사 노릇을 해야 했습니다.

아테네 시민들은 자신들의 민주주의에 대해서, 또한 그 제도를 만들고 이끌어가는 자신들에 대한 자부심이 엄청났습니다. 정상적인 아테네 시민이라면 누구나 공직에서 그 책임을 다할 수 있을 거라는 믿음을 바탕으로 한 제도였기 때문이죠. 법정에서도 시시비비를 가릴 수 있는 상식적 법 감정이 있을 거라는 믿음, 사실유무와 가치를 판단하는 능력이 있을 것이라는 믿음이 있지 않다면 불가능했을 겁니다.

물론 모든 시민이 그 일을 훌륭하게 해내지는 못했습니다. 이런 점 때문에 플라톤이나 아리스토텔레스 같은 철학자들은 '중우정치'라는 말로 당시의 민주주의를 비판했습니다. 대중을 어떻게 믿을 수 있느냐는 거예요. 인기에만 영합하는 지도자에게 농락당하거나 잘못된 판단을 내릴 수 있는 게 대중이라며 우려했습니다. 그럼에도 불구하고 아테네는 200년 가까이 직접 민주주의 체제를 유지했습니다. 상당한 수준의 부를 쌓고 문화에 있어서도 눈부신 발전을 이루었지요.

아테네의 정치제도가 완벽하다고는 볼 수 없습니다. 하지만 아테네 시민이 스스로에 대해 가지는 자부심만큼은 대단하다 할 수 있습니다. 절대 권력자의 그늘 아래 숨죽여 지내지 않고 개인들이 적극적으로 자기 목소리를 내고 나라의 일에 앞장서 권리를 행사할 수 있었다는 점에서 말입니다. 당시 시민정치가 이뤄지던 공간을 살펴보면 아테네인들이 어느 정도로 시민으로서 자부심을 가지고 있었는지 알 수 있습니다.

고대 그리스와 로마에는 정치적으로 중요한 장소가 있었습니다. 바로 광장입니다. 그리스에는 아고라, 로마에는 포럼이라고 불리는 광장이 있어서 시민들이 그곳에 모여 자유롭게 이야기를 나누었지요. 아고라와 포럼은 갖가지 사회 문제를 토론하거나 중요한 사안을 결정하는 곳이기도 했습니다.

우리에게도 그런 장소가 있습니다. 대한민국 국민들은 정치적 사안에 대해 비판하거나 항의하는 목적으로, 또는 안타까운 죽음을 추모하는 마음으로 광화문 광장에 모여 빛을 밝힙니다. 폭력시위가 아닌 촛불이라는 민주적인 방식으로 자신의 의사를 표현하고 있어요. 광장과 촛불은 대한민국 민주주의가 걸어온 주요한 걸음 중 하나라고 할 수 있습니다.

많은 사람들이 이처럼 함께 움직일 수 있는 건 인간에게 공감의 능력이 있기 때문입니다. 당장 나에게 직접적인 영향을 끼치지도 않고 내 주변의 일도 아닌데도 같이 슬퍼하게 되는 일이 있습니다. 내가 저 사람이라면 어떤 기분일까, 저 사람이 당한 일을 언젠가 나도 당할 수 있겠다, 하고 자신을 타인에게 대입해볼 수 있는 마음이 솟아날 때입니다. 나와 남을 일치시킬 수 있는 능력, 거기에서 연민이 생기고 연민은 행동력으로 발휘됩니다.

아테네 아고라

로마 포럼

수백 명의 어린 학생들이 차가운 바다에서 목숨을 잃었을 때 많은 국민들은 함께 울었습니다. 왜 그토록 허무하게 아이들을 보내야만 했을까 의문을 제기하고 분노를 표했습니다. 그런 일이 나와 내 가족에게 일어나지 않았다고 안도할 일이 아닙니다. 대한민국이라는 제도권 아래 발붙이고 살아가는 한 어느 누구라도 그러한 일의 당사자가 될 수 있다는 사실은 우리들의 사회를 다시금 돌아보게 했습니다. 왜 그리고 어떻게 그런 일이 일어났는지 제대로 아는 일은, 앞으로 그런 슬픈 일을 다시금 겪지 않겠다는 의지입니다. 그러한 노력에 작은 힘이나마 보태야겠다는 것, 저는 이런 마음이 시민의식의 바탕이라고 생각합니다.

　사람들은 촛불을 들고 광장을 향했습니다. 추모의 촛불이자 요구의 촛불이었습니다. 어떤 부조리한 세력이 그 사건에 얽혀 있는지 밝혀내기를 원했기 때문입니다. 다시는 그런 일이 일어나서는 안 될 것이라는 생각을 공유하자 개인들은 집단이 되었고, 작은 힘은 큰 힘이 되었습니다.

　잘못된 틀을 깨기 위해서는 그것을 깨뜨리고자 마음먹어야 합니다. '나 혼자 덤벼봐야 달걀로 바위 치기 아니겠어?'라고만 생각하지 말고 아주 사소한 도전부터 해나간다면 작은 성취가 쌓여가면서 자신감이 생길 것입니다. 옆에 있는 누군가가 그것을 격려하고 응원하며 함께해준다면 도전은 한층 수월해지고 성취 또한 커지겠지요. 그러다 보면 개인의 힘이 결코 미약하지 않음을 깨닫게 됩니다. 그 안에서 세상을 바꿀 수 있는 힘이 있다는 사실을 자각하는 것입니다.

우리에게는 시민들의 목소리가 모여 정권을 바꿨던 기억이 있습니다. 작은 빛들이 모여 큰 힘을 낸 사례라고 할 수 있지요. 누가 나서서 이끌거나 독려하지 않았음에도 수많은 사람들이 광장으로 모여들었습니다. 그러한 행위는 현직 대통령이 물러나는 결과로 이어졌고, 그 놀라운 소식에 전 세계가 주목할 정도였습니다. 대한민국 역사에 한 획을 그을 만한 사건이었어요.

아무도 아닌 줄 알았던 한 사람, 한 사람이 모여 단합하면 큰 변화를 이뤄낼 수 있다는 믿음은 국민들의 의식에 많은 영향을 끼쳤습니다. 이것이야말로 달걀로 바위를 깨뜨린 중요한 경험이라고 저는 생각합니다. 아니, 아무런 힘도 없는 한갓 달걀인 줄로만 알았던 개인이 뭉치면 거대한 바위처럼 우뚝 설 수 있다는 것을, 무섭게 군림하는 바위인줄만 알았던 권력이 시민들의 지지를 잃는 순간 순식간에 물거품처럼 사라져버리고 만다는 것을 깨달은 것입니다. 시민의식이 성숙해지고 있음을 확인하는 계기였고, 정치적 무관심과 시민으로서의 무력감을 어느 정도 극복하는 기회가 되었습니다.

부작용이 없지는 않습니다. 많은 사람이 모여서 꾸준하게 구호를 외치면 어떤 일이든 해결될 거라는 잘못된 믿음으로 자리 잡기도 합니다. 일단 모여 목소리를 크게 외치고 보자, 라는 생각만으로 다수가 공감할 수 없는 요구를 하는 일도 생길 것입니다. 하지만 저는 이런 풍경도 우리가 성숙한 시민의식을 갖추기 위한 하나의 과정이라고 믿습니다.

시민의식은 성숙의 단계를 밟아 올라왔고 지금도 발전의 한 계단에 우리는 발 딛고 있습니다. 불합리한 일을 침묵하거나 외면하지 않고 함께 숨 쉬며 살아가야 할 사회의 일면을 바꾸기 위해 노력해온 시간들입니다. 한 사람 한 사람의 힘을 자각한 경험이 쌓이다 보면 지금보다 더 나은 사회가 되리라 긍정적으로 보게 됩니다. 시간이 지날수록 진영이나 계층, 세대를 불문하고 대다수 시민에게 판단력이 생길 것입니다. 그러니 우리는 역시 안 될 거라며 자조하지 말았으면 합니다. 아테네 사람들과 같은 자부심을 가졌으면 좋겠습니다. 우리는, 그리고 나는 더 좋은 세상을 만들어가는 데 일조하는 시민이 될 수 있노라고 말입니다.

여섯 번째 문

변화하는 세상에서 무엇을 준비해야 하는가?

더 나은 세상을 만드는 교육에 대하여

인간에 대한 이해를 바탕으로
새로운 기술의 쓸모와 방향을 판단할 수 있습니다.
어떤 양상으로 세계가 변하든 그 속에서 인간의 역할이 무엇이어야
하는지를 판단하고 상상할 수 있는 사람이라면
그 어떤 새로운 세상에서도
자신의 삶을 잘 꾸릴 수 있을 거라 믿습니다.

인류 역사를 지속시키는 두 가지 조건

인류는 지금껏 정치적 격동이나 기술의 발달 같은 수많은 요소들 덕분에 생존과 발전이 가능했습니다. 여러 요소 가운데서도 인간의 역사가 유지되는 데 있어서 가장 기본적이고 필수적인 조건은 뭘까요? 저는 크게 두 가지를 꼽을 수 있다고 봅니다.

먼저 역사가 끊어지지 않으려면 인류라는 종이 이어져야 하겠지요. 사람이 계속 태어나야 하는 겁니다. 따라서 인간의 역사가 지속되기 위한 첫 번째 조건은 생식이라고 할 수 있습니다.

어떤 분들은 '생식'이라는 말에 거부감을 느끼더라구요. 너무 직접적이고 동물적인 표현이라서 그런가 봅니다. 생식이나 번식이 좀 거칠게 느껴진다면, 출산이라는 표현이 좀 낫겠지요? 아무튼 사람이 계속 태어나야 역사가 끊어지지 않고 이어집니다. 대재앙이라고 할 만한 자연재해나 엄청난 규모의 전쟁이 일어난다고 해도 생존한 사람이 있고 그들이 또다시 아이를 낳는다면 인류는 지속될 거고 역사는 계속될 조건을 갖게 되지요. 바꿔 말하면 자식이 더 이상 태어나지 않게 되면 역사는 그대로 끝나는 겁니다.

생식이 인류를 지속하게 하는 물질적이고 생물학적 조건이라면 정신적인 지속을 가능하게 하는 조건은 바로 교육입니다. 한 세대가 자신들이 살면서 축적한 지식과 정보 중에서도 '인간이 살아가는 데 이것은 반드시 필요하다'거나 '앞으로 이렇게 되었으면 좋겠다' 하는 것들을 잘 정돈해서 다음 세대에 물려줘야 하는 거죠. 그런 식으로 인류의 전통과 관례 같은 가치들이 대물림되면서 이어지는 겁니다.

저는 교육이 끊어지면 역사도 끝난다고 봅니다. 자식을 지속해서 낳는 건 동물의 생존과 다를 바가 없습니다. 오로지 인간이라는 종의 지속만이 역사라는 이름을 달 수 있는 건 교육 때문입니다.

그래서 저는 역사에 있어 가정의 역할이 참 중요하다는 생각이 들어요. 지금까지 인간은 가족을 이루어 아이를 낳고 길러왔습니다. 플라톤은 국가에서 모든 아이를 관리하며 잘 키워보자고 주장한 적이 있고 스파르타가 그 비슷한 교육체계를 가지고 있다고 알려져 있습니다만, 가족의 중요성은 거의 절대적입니다. 그 형태가 변화하고 다양해지더라도 출산과 양육의 기본 단위는 단연 가족인 거지요. 인간이 태어나는 곳도, 교육이 가장 먼저 이루어지는 곳도 가정입니다. 대부분의 아이들은 가족 혹은 가족과 유사한 형태의 그룹 안에서 자라게 됩니다. 가족의 기능이 잘 작동하면 인류의 역사도 잘 작동할 거예요. 그래서 저는 신체적으로나 정신적으로 건강한 가족이 좋은 역사를 만들어나갈 수 있는 가장 중요한 원동력이라고 생각합니다.

저는 자녀가 넷입니다. 그래서 농담처럼 '나는 인류 역사에 공헌한 사람이다. 인류의 생물학적 지속을 위해 최선을 다했다' 이런 말을 하기도 합니다. 그런데 저희 아이들은 결혼을 안 하겠다고 하더라고요. 넷 중에서 결혼을 하겠다는 녀석이 아직까지는 아무도 없어요. 왜 그런 이야기를 하는지 한편으로는 이해가 되더라고요.

최근 우리나라는 출산율이 급격하게 떨어지고 있습니다. 경제적 부담과 경력 단절 등 여러 가지 이유로 많은 부부들이 출산을 포기하거나 거부합니다. 정부는 물론이고 지역사회에서도 출산율을 높이기 위해 이런저런 정책을 내놓고 있지만 효과는 미미합니다. 아이를 낳으면 어떤 점이 좋은지, 무슨 혜택을 받을 수 있는지 선전하는데, 사실 출산율 저하가 개개인의 문제만은 아니거든요. 아이를 낳고 키우는 일이 행복할 수 있는 사회가 된다면 요란스럽게 권하지 않아도 다들 아이를 낳을 거예요. 그러나 아이를 키우고 아이들이 자라나는 일이 너무나 힘든 까닭에, 지금 우리 사회는 젊은이들이 출산은커녕 결혼부터 꺼리는 상황입니다. 취업난으로 안정적인 일자리도 별로 없는 마당에 노후 대책은 언감생심이고 가까운 미래도 막막하다고 여기는 사람들이 많습니다. 내 한 몸 건사하기도 힘든데 어떻게 결혼을 하고 아이를 낳느냐는 겁니다.

대한민국의 교육 환경 또한 출산을 고민하게 되는 원인 중 하나로 꼽히곤 합니다. 치열한 입시 전쟁 속에서 아이를 키우고 싶지 않다는 부모들이 많아요. 이런 세상에 아이를 낳는 건 아이에게 미안한 일인 것 같다고 말하는 사람들까지도 있습니다. 교육이 우리 역사를 정신적인 측면에서 계속되게 할 조건인데, 지금은 역사 지속의 생물적 조건마저 위협받는 상황인 거죠.

우리의 교육은 사람을 향해 있는가?

저는 사범대를 졸업한 뒤 십여 년간 고등학교 교사로 일했습니다. 지금은 대학에서 학생들을 가르치는 일뿐만 아니라 기회가 있을 때마다 도서관이나 평생교육원 같은 공공단체와 기업이나 방송 등에서도 다양한 청중을 대상으로 강의를 하고 있습니다.

제가 교육이라는 분야에 관심을 갖게 된 것은 앞서 말한 대로 교육이 인류가 지속되는 데 있어 가장 중요한 요소 중 하나라고 생각했기 때문입니다. 지금도 여전히 교육에 많은 의미와 가치를 두고 있는데요. 우리의 교육이 어떤 방향으로 나아가야 하는가, 인류가 발전하려면 다음 세대를 어떻게 교육해야 하는가, 하는 문제들에 관심이 많습니다. 교육에 종사하는 사람으로서 당연한 것이기도 하구요.

세상의 어떤 직업이나 마찬가지이겠지만, 특히 교육자는 누구보다 무거운 책임의식과 사명을 가지고 있습니다. 새로운 세대에게 너무나 큰 영향을 미치기 때문입니다. 저만 해도 몇몇 선생님이 아니었다면 아마 지금 다른 인생을 살지 않았을까 싶어요. 세상을 바라보는 시선과 인생을 대하는 방식 등 여러 가지 면에서 저에게 많은 깨달음을 주신 분들이 계시거든요.

저는 대학에서 불어와 철학을 공부했습니다. 누구나 한번쯤 철학적인 고민을 하잖아요. 세상은 무엇으로 되어 있고 어떤 이치로 굴러가는 걸까. 나는 어디로부터 왔으며 죽으면 어디로 갈 것인가. 어떻게 살면 잘 살고, 행복해질 수 있을까? 이런 근본적인 질문을 던지는 거죠.

저에게는 이런 질문들이 아주 심각하게 다가온 적이 있습니다. 고등학교 3학년에 올라갈 무렵 아버지가 돌아가신 겁니다. 제가 믿고 의지하던 분이 세상에서 아예 사라지신 거지요. 그 목소리를 다시 들을 수 없고, 손을 만져볼 수도 없다는 것. 얼마 전까지도 옆에 있었던 사람과 그 어떤 말과 감정도 나눌 수 없다는 게 실감이 나지 않았어요. 죽음이라는 걸 가까이에서 본 게 그때가 처음이었습니다. 슬프기도 하면서 아버지와 달리 나는 살아 있다는 사실 자체가 어색하고 불편하게 느껴지기도 했습니다. 인간은 죽으면 어떻게 되는 것인가? 살아있다는 것은 무엇인가? 도대체 인간은 무엇인가? 이른바 철학적인 문제들이 내내 제 곁에 맴돌았고, 도무지 떠날 줄 몰랐습니다.

그러다가 대학교 2학년 때 서양고대철학사라는 과목을 들었어요. 이태수 교수님의 강의였는데, 그때 철학이라는 학문에 새롭게 매료됐지요. 철학이란 질문을 던지는 학문이다, 라는 말씀이 제 마음에 꽂히는 것 같았습니다. 우리가 어떤 철학자를 기억하는 이유는 그들이 낸 답 때문이 아니라 그들이 던진 질문 때문이라는 거예요. 그리고 그들이 던진 질문은 세상에 살면서 누구나 의문을 느꼈을 법한 것들이라는 거지요. 철학 강의를 듣고 철학자들의 질문을 파헤쳐가면서 그들이 던진 질문에 공감할 수 있다는 게 정말 좋았습니다. 저의 질문도 좀 더 명료해지는 느낌이었어요.

그런 이유로 대학을 졸업하고 고등학교에서 불어를 가르치는 와중에도 철학 공부를 계속 했어요. 이태수 선생님을 지도교수로 모시고 서양고대철학을 전공했지요. 대학원에 올라 와서는 주로 플라톤을 읽었는데, 많은 시간을 김남두 선생님과 함께 했지요. 그리스어 원문으로 플라톤을 읽으면서 한 구절 한 구절이 힘겨웠지만, 낯선 암호 같은 문장이 선생님과의 강독을 통해 그 의미가 드러날 때, 머리에 햇빛 비추듯 환해지던 순간이 감격스러웠습니다.

그런데 교사라는 직업과 대학원 공부를 병행하기가 쉽지 않더라구요. 교사 생활은 어느 정도 해봤으니까 이제 공부를 마음껏 해볼까 고민하고 있는데, 많은 분들이 저를 아끼는 마음으로 진심으로 걱정을 해주셨습니다. 왜 안정된 직장을 버리느냐, 실패하면 어쩌려고 그러냐, 마음이 많이 흔들리더라고요. 그때 힘이 되어주었던 사람은 아내였습니다. 10년, 20년 뒤에 후회할 것이 무엇인지를 생각해보라고 하더군요. 꼭 하고 싶은 것을 선택하라고. 저는 새로운 도전을 해보고 싶었습니다. 그렇지 않으면 정말 후회할 것 같았습니다. 그간의 일을 정리하고, 얼마 되지 않는 돈도 전부 정리한 뒤에 프랑스로 유학을 떠났지요.

대한민국에서 나고 자란 저에게 프랑스라는 나라는 생소했습니다. 제가 프랑스어를 가르치던 교사였음에도 불구하고 말이죠. 무엇보다 그곳의 교육 환경이 우리나라와 너무 달라서 충격을 받았습니다. 저는 교사였던 사람이라 그런 부분이 더 눈에 들어왔던 것 같습니다.

프랑스에서 박사학위는 스스로 자신의 학문 세계를 개척해갈 수 있는 전문적인 역량이 있다고 인정해주는 증표라고 할 수 있습니다. 인상 깊었던 점은 저와 같이 박사 과정을 공부한 동료들 중 상당수가 학위를 딴 뒤에 중학교나 고등학교 교사로 간 것이었어요. 우리나라는 교사를 양성하는 특정 대학을 나오거나 교직이수와 임용고시 등의 과정을 거쳐야만 교사가 되는 길이 열리잖아요. 그런데 프랑스에서는 인문학이든 자연과학이든 박사학위를 따면 중고등학교 교사가 되는 것이 자연스러운 일이었습니다. 그리고 그 사람들은 자신의 학문 세계를 가꿔나가면서 다음 세대를 가르쳤어요. 모두가 그걸 당연하게 여겼습니다.

프랑스의 중학교나 고등학교 교사들은 학생들에게 단순히 정해진 교과 과정을 따라가게 하지 않아요. 충분히 자율성을 가지고 학생들에게 필요하다고 생각하는 교육을 해나갑니다. 프랑스어 수업 시간에 학생들은 교과서를 공부하지 않고, 정해진 교과서도 없습니다. 교사들이 프랑스의 문학이나 철학 작품 같은 걸 자유롭게 선택하고 주제를 정해서 일 년간 학생들을 이끌어가는 거예요.

그것은 초등학교도 마찬가지였어요. 학기 초에 저의 아이 초등학교 학부모 모임에 간 적이 있어요. 선생님께서는 일 년 동안 아이들에게 무엇을 가르칠 것인지를 설명했는데, 그때 깜짝 놀랐어요. 우리는 전국의 모든 학생들이 같은 교과서를 가지고 공부를 하잖아요. 그런데 이 선생님은 그런 저의 상식과 편견을 완전히 깼습니다. "저는 1년 동안 아이들과 함께 시간을 공부하려고 합니다." 라고 말씀하시더라고요. 그리고 1년 동안 무엇을 가르치시나 틈틈이 아이와 이야기를 나누면서 살펴보았지요. 시계 보는 법과 시간 계산하는 법으로 산수를 가르치고, 달의 변화로 시간을 가늠하는 음력과 그것의 맹점과 함께 양력의 개념을 소개하면서 과학과 역사를 다루었어요. 계절의 변화를 살피면서 지구의 공전도 이야기하시고요. 계절에 맞는 노래와 시를 감상하고, 타임머신과 같이 시간 여행을 하는 작품으로 상상력을 자극하기도 했어요. 시간을 그림으로 표현하기도 하고, 자기 시간표를 관리하는 법도 연습하는 식으로 1년을 꾸려 가시더라고요.

핵심은 학생들로 하여금 스스로 자기 생각을 만들어내도록 교육한다는 것입니다. 그 과정에서 선생님은 자율성과 권위를 가지고 아이들을 가르치시는 데, 너무 멋져 보였습니다. 선생님도 멋있고, 그런 교육을 권장하고 보장하는 프랑스도 그렇고요.

시나 소설을 다룰 때, 작품의 배경은 어디이고 주제는 무엇이며 이 구절은 시간의 흐름을 묘사한 것이라는 등의 정해진 지식을 알려주는 게 아니에요. 정답을 제시하기보다는 묻는 것에 초점을 맞추고, 질문에 대해 상식으로 통용되는 답을 비판적으로 검토하면서 다른 답을 찾도록 유도하는 것을 교사의 중요한 역할로 보고 있었어요.

자연스럽게 프랑스의 학생들은 어릴 때부터 의문을 가지고, 질문하고, 그에 대한 자신의 생각을 발전시키며 표현하는 데 익숙해질 수밖에 없지요. 저는 이런 것이야말로 창의적인 인재를 길러내는 교육이 아닐까, 하는 생각을 했습니다.

줄 세우기 사회가 만드는 천편일률적 대답

우리 교육은 무조건 잘못되었고, 프랑스의 교육이나 프랑스 사람들이 모든 점에서 뛰어나거나 훌륭하다고 말하려는 것은 아닙니다. 우리가 무엇이 문제인가를 돌아보고 그들의 교육 방식과 교육 철학이 우리에게 던져주는 생각거리를 잡고 우리가 가야 할 바람직한 방향을 찾아보자는 거예요. 물론 프랑스와 같은 그런 교육이 가능해지려면 사회 전반적인 여건도 뒷받침이 되어야 하겠지요. 사람들의 의식도 마찬가지입니다. 교사들은 자율적으로 학생들을 끌어갈 만한 역량을 갖추어야 하고, 학부모는 교사의 역량을 믿으며 따라야 할 거예요. 프랑스의 대학 입시 자체가 우리와 다르다는 점도 무시할 수 없습니다.

대한민국 교육은 교과 과정이라는 것이 정해져 있고 교과서 내용을 바탕으로 시험 문제를 제출합니다. 객관성, 공정성이라는 말을 앞세워 아이들을 똑같은, 좀 부정적으로 말하자면 천편일률적인 커리큘럼 속에 묶어두고 있어요. 교과서는 전국 공통이고, 시험 문제는 맞거나 틀리는 것으로 채점이 가능합니다. 똑같은 것을 가르친 뒤 모두가 하나의 답변만을 찾아내도록 하는 것이죠. 그러니까 우리의 시험은 전국의 수험생들을 일등부터 꼴찌까지 줄 세우기 할 수 있는 시험이고, 그런 용도로 만들어진 것입니다.

이런 문제풀이 교육, 정답을 찾는 교육은 누구에게도 정답에 이의를 제기하고 다른 의견을 낼 수 있도록 허락하지 않아요. 맞거나 틀리는 거고, 틀리면 오답 노트를 만들어 자신의 지식을 재빨리 교정하고, 다시 정신 똑바로 차리고 정답을 향해 직진해야 하지요. 그래야 경쟁에서 이기고 좋은 대학 가고, 좋은 직장을 얻을 수 있다고 믿고 있어요. 어떤 대학이, 어떤 직장이, 인생에서 무엇이 좋은지도 상당 부분 정해져 있는 것처럼 보여요. 이런 교육 환경과 사회적 분위기 속에서는 자연히 아이들의 창의력과 사고력은 사그라질 수밖에 없지요.

불행하게도 이렇게 스스로 묻고 생각하며 답을 찾으려고 애쓰는 법을 잊어버린 사람의 삶은 황폐해지기 십상입니다. 아마도 대한민국 국민 모두가 우리의 교육 방식이 잘못되었다는 사실에 공감하고 있을 거예요. 반드시 개혁해야 할 분야로 늘 손꼽히는 분야가 교육이기도 합니다.

프랑스에도 고등학교 졸업자격 시험이라고 할 수 있는 바칼로레아가 있습니다. 바칼로레아는 수능과 완전히 다른 형식입니다. 언어 관련 과목은 필기나 구술시험이 있지만 나머지는 대부분 논술이에요. 프랑스의 고등학생들도 문과와 이과, 실업계 등 자신의 전공을 미리 택하는데 어떤 학생이든 프랑스어와 외국어, 과학 등은 공통적으로 시험을 치러야 합니다. 그중에서도 철학 시험 문제는 프랑스 국민들도 관심을 가지고 그 답에 대해 토론할 정도입니다.

2019년 바칼로레아 시험에 제시된 문제를 보면 '시간을 피할 수 있는가?' '예술 작품은 어떤 점에 초점을 맞추어 설명해야 하는가?' '문화의 다양성이 인간 사이의 갈등의 원인인가?' '노동이 인간을 구분하는가' 이런 것들이 있어요. 학생들은 여러 가지 주제 중에서 하나를 골라 네 시간 동안 자신의 생각을 서술해야 합니다. 정답이 정해져 있지 않아요. 하지만 이런 질문들에 답하기 위해서는 책도 많이 읽어야 하고, 무엇보다 해당 주제에 대한 자신의 생각을 잘 정리해야 해요. 글쓰기 실력도 물론 있어야 하겠지요. 결국 프랑스 교육에서 학생들에게 요구하는 것은 얼마나 많은 정보를 갖고 있느냐가 아니라 앞으로 살아가면서 자신의 생각을 얼마나 펼쳐낼 수 있느냐, 하는 것입니다. 물론 이런 식의 시험이 갖는 약점을 지적하는 프랑스의 교육 전문가들도 적지 않고, 개선의 방향을 부단히 찾고 있으니, 무조건 추종할 완벽하고 이상적인 것은 아닙니다. 그러나 그들을 보면 우리 입시제도의 문제점을 따져보면서 우리가 나아가야 할 방향을 찾는 데에 유용한 시사점을 얻을 수 있을 겁니다.

한 가지만 더 제 경험을 이야기하겠습니다. 입시를 끝내고 대학에 들어간 학생들의 태도에 관한 겁니다. 저희 부부는 아이 둘과 함께 유학을 떠났는데, 아이들이 프랑스어에 익숙하지 않았어요. 다행히 학교에서 대학생 자원봉사자를 소개해준 덕분에 저희 아이들은 3년 동안 일주일에 두 번씩 프랑스어를 배우고 여러 가지

도움을 받을 수 있었습니다. 저는 당연히 그 학생에게 보수를 줘야 한다고 생각하고 그 이야기를 꺼냈더니, 당황스러워 하더라고요. 자신은 보수를 받고 이 일을 하는 것이 아니라, 그야말로 자원봉사 라고요. '과외 알바'라고만 생각하고 그 학생의 순수한 동기를 헤아리지 못한 제가 너무나 부끄러웠습니다.

그 학생의 진심을 알아볼 수 있는 일은 그 이외도 여러 가지가 있었습니다. 그 학생은 방학이 되면 아프리카 토고로 떠났습니다. 그곳에서 아이들에게 공부를 가르치거나 의료 활동을 보조하는 등 봉사를 하고 돌아왔어요. 프랑스의 식민지였던 그곳에서 국가적으로 자행되었던 지난 날의 식민적 착취에 대한 미안한 마음이 그 학생이 그곳으로 간 중요한 동기 중에 하나라는 이야기를 듣고 또 놀랐지요. 그 친구뿐 아니라 많은 대학생들이 돈에 연연해 하지 않으면서 그런 종류의 활동을 하더라고요. 장애인 인권 협회에서 일을 하는 학생도 있었고, 지난 시절 프랑스의 식민지였던 아프리카 여러 나라의 불법 체류자들의 인권을 위해 자원봉사를 하는 학생들도 보았습니다. 물론 자신이 하고 싶은 일과 관련된 회사에 견습생 신청을 해서 돈을 벌기도 하지요. 프랑스는 실습 제도가 잘 정착된 덕분에 학기 중에도 학생들이 전공 분야의 일을 할 수 있어요. 이와 같이 다양한 경험과 활동을 통해 자신의 적성과 능력을 찾고, 궁극적으로는 자기 자신을 찾아가는 겁니다. 그런 모습을 보면서 '저래서 취업을 어떻게 하려나' 하고 걱정하는 부모도 없습니다.

우리는 어떤가요? 우리나라에도 건전한 가치관을 가지고 훌륭한 활동을 하는 학생들이 적지 않습니다. 하지만 그보다 훨씬 많은 학생들이 자기 자신의 미래에 대한 불안으로 남을 돌볼 여유와 시간을 갖지 못하지요. 이건 학생이나 부모가 아니라 우리 사회의 문제인 것 같습니다. 학생들이 취업 준비를 하느라 학점과 토익 점수, 자격증, 모의 면접 등에 매달리는 모습을 보면 참 안쓰러워요. 학생들을 줄 세우는 시험에서 다들 조금이라도 더 앞줄에 서기 위해 애쓸 수밖에 없는 까닭은 우리 사회가 뒤처진 훨씬 획일적인 기준을 가지고 학생들을 교육하고 평가하며, 그 경쟁에서 뒤처진 자들에게 너무나 냉정하기 때문입니다. 다른 가능성과 다양한 능력에 대해 훨씬 더, 잔인할 정도로 인색하기도 하고요.

다음 세대에게 사다리를 놓아주는 일

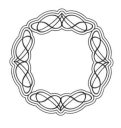

대한민국 정부도 때마다 교육 개혁을 해왔습니다. 2000년대 들어서는 국영수 위주의 본고사가 아예 금지되었고, 수능 또한 점수 대신 등급만 표시하게 하는 등의 변화가 있었지요. 현재는 학생부와 특기자 전형 등 수시가 확대되기도 했습니다. 교과 점수가 아니라 전공과 관련된 재능과 특기로 학생을 선발하자는 의도였습니다. 창의성과 다양성을 파괴하는 교육에 대한 반성 속에서 아이들이 자신의 능력을 펼칠 수 있도록 여러 길을 열어주고 그걸 평가해서 대학에 보내자는 것이었죠.

그런데 이러한 제도를 악용하는 사람들이 생겨났습니다. 내신 성적 조작과 기득권 계층의 부정 등 각종 문제가 터질 때마다 학부모들을 포함한 많은 사람들이 수시 평가 방식의 공정성에 대해 의문을 제기하고 있습니다. 그러다 보니 다시 수능만으로 학생들을 평가하자는 목소리가 커지고 있어요. 이러한 사태가 참으로 안타깝습니다.

사실 프랑스의 바칼로레아 또한 공정성 논란이 아주 없는 것은 아닙니다. 답이 정해진 문제를 채점하는 것과 학생부, 논술 등을 평가하는 것은 차이가 있을 거예요. 그러나 공정하지 못하고 불평등한 게 있다면 그걸 해소하는 방법을 찾아나가야 한다고 봅니다. 제도를 악용하는 사람들에 대한 처벌도 확실히 해야 하겠지요. 즉, 부족하고 잘못된 부분을 고쳐서 원래의 취지는 살리되 최대한 공정하게 평가할 수 있도록 해야 합니다.

새로운 제도는 시행착오를 거치고 어려움을 극복한 뒤에야 비로소 정착됩니다. 다양한 재능을 지닌 아이들이 단지 시험문제의 정답을 잘 맞히지 못한다는 이유로 주눅 들고 낙오자 취급받는 현재의 교육은 분명 달라져야 합니다. 다시 예전으로 돌아간다면 우리 사회의 줄 세우기 교육과 과도한 경쟁은 결코 사라지지 않을 거예요. 계속해서 바뀌는 제도에 아이들만 희생양이 되겠지요.

교육은 단순히 기존의 정보나 가치를 전달하는 것이 아닙니다. 그것으로 끝난다면 인류는 발전하지 못할 거예요. 교육자들을 비롯한 기성세대는 다음 세대에게 이런 이야기를 해주어야 합니다. '자, 이것이 우리가 지금껏 축적한 지식이고, 우리가 추구할 만한 가치라고 여기는 것들이다. 이걸 잘 배우고 이걸 토대로 너희는 더 좋은 걸 만들어라. 너희는 이것 이상으로 해낼 수 있다.' 알고 있는 것을 알려주는 것이 교육의 전부라고 생각하는 데서 문제가 생기는 것 같아요. 거기서 더 나아가서 '너희들이 만들어낼 것이 있다'라는 사명의식을 자율성과 함께 심어주는 게 교육의 또 다른 핵심이거든요. 그러면 새로운 세대는 기성세대와 다른 생각으로 다른 걸 시도해볼 거예요. 기성세대 입장에서는 그게 이해가 되지 않더라도 창의적인 도전을 지켜보고 격려해줘야 합니다.

저는 다음 세대에게 사다리를 놓아주는 게 교육이라고 생각합니다. 사다리의 용도는 그 위에 이르는 것입니다. 어느 지점으로 가기 위한 것이죠. 교육자는 사다리를 줘야 해요. 그러면 학생들은 사다리를 끌어서 타고 올라갈 것이고, 그게 필요하지 않다면 그냥 버릴 수도 있을 거예요. 버려질 것을 각오하고서라도 최대한 튼튼하고 좋은 사다리를 주어야 합니다. 아이들이 그걸 통해 더 좋은 곳으로 향할 수도 있다는 가능성을 붙들고 말이지요.

저는 이게 교육자의 역할이자 교육자의 한 사람인 저의 역할이라고 생각합니다. 이렇게만 된다면 인류는 잘 지속되고 또 발전할 것 같습니다. 가끔씩 아주 뛰어난 사람들이 나와서 새로운 기술을 개발해내고 새로운 시스템을 만들면서 삶의 여건이 더 좋아지겠지요. 그런 사람은 반드시 필요하고 슈퍼 엘리트를 키워야 하는 것도 교육의 역할 가운데 하나입니다. 그러나 그런 소수의 탁월한 사람들이 자기 능력을 펼치게 해주고 거기에 조력하는 사람들을 길러내는 것 또한 교육자를 비롯한 기성세대의 몫일 것입니다. 대학에서 한 교육학 선생님께서 하신 말씀이 생생합니다. '미국 교육의 목표는 워싱턴 같은 사람을 만들어내는 것이 아니라, 워싱턴과 같은 사람을 선택할 수 있는 시민의 육성이다'. 우리 교육의 목표도 각자의 자리에서 최대한의 능력을 발휘하면서 공동체 전체를 생각할 수 있는 깨어 있는 시민을 키우는 것이 아닐까 생각해 봅니다.

사회가 변하지 않으면 교육도 변하지 않는다

저는 가끔 학교 밖에서도 강의 요청을 받을 때가 있습니다. 그렇게 강의를 하러 다니다 보면 다양한 분야에 종사하고 있는 분들을 만나게 되는데요. 언젠가 중고등 학생들을 대상으로 한 강의에서 아주 유명한 캐릭터 디자이너를 만난 적이 있습니다. 그분도 저와 함께 강의를 했는데, 학생들의 관심은 당연히 그분께 몰렸어요. 제 직업이나 인생은 재미가 좀 없잖아요. 그런데 그분은 학생들이 좋아하는 캐릭터를 만들어낸 데다가 강의 내용을 들어보니 대학을 나오지 않았음에도 자기 길을 개척해서 인정받은 경우였거든요.

강의가 끝난 후에 한 아이가 그분께 질문을 했어요. "저도 캐릭터 디자이너가 되고 싶은데 어떻게 하는 게 가장 좋을까요?" 하는 질문이었습니다. 그런데 그분이 이렇게 답변하셨어요. "좋은 기회를 많이 얻고 싶으시면 서울대를 가세요." 당연히 농담조로 하신 말씀이었지만, 고졸자로서 한 분야에서 성공하기가 얼마나 어려운지 직접 겪어봤기 때문에 그런 이야기를 하게 되었다고 하시더라구요.

학벌사회라고 할 만큼 대학 이름을 중시하는 우리나라에서 괜찮은 대학간판 없이 성공하는 일은 쉽지 않을 거예요. 그래서일까요? 남들이 부러워할 만한 명성을 쌓거나 재산을 가진 사람들마저 학벌 콤플렉스를 가진 경우가 많습니다. 학벌만으로 누군가를 무시하는 사람들이 그만큼 많다는 뜻이겠지요.

반대로 저는 학교 이름 때문에 얻는 반사이익이 많은 것 같아요. 거저먹는다고 하죠. 사실 그런 생각이 들 때도 있어요. 저는 아이들에게 공부를 강요한 적은 없지만, 언젠가 웃으면서 이런 말을 한 적이 있습니다. '이게 옳은 건 아니지만 우리 사회가 학벌 좋은 사람을 잘 대접해주는 것 같다. 너희도 공부를 잘하면 이런 걸 누릴 수 있겠다.' 저희 아이들은 그런 대접을 받는 데 관심이 없었나 봐요. 넷 중에 한 명 정도는 저희 학교로 올 줄 알았는데 전부 안 오더라구요.

이 얘기를 하면 다들 웃습니다. 그런데 저는 아이들을 보면서 부러울 때가 많아요. 저는 학생 때 생긴 습관 때문인지 아직도 경쟁

의식이나 강박관념이 있어요. 무엇이든 더 열심히 해야 할 것 같고 뒤처지면 안 될 것 같다는 생각에 손에서 무언가를 놓지 못합니다. 그런데 저희 아이들은 초조함이 별로 없는 것 같아요. 물론 다들 저마다의 고민과 어려움이 있겠지만, 좋아하는 일을 추구하면서 당당하게 지내고 있는 것 같습니다.

우리는 이상적인 교육에 대해 이야기하며 항상 핀란드나 독일, 프랑스의 교육 방식을 언급해요. 교육부 차원에서 해당 국가의 교육현장을 탐방하기도 하고 방송사에서 취재한 내용을 다큐멘터리로 보여주기도 합니다. 사실 그런 나라에서 교육 문제가 우리보다 심각하지 않은 이유는 사회의 제도와 통념이 다르기 때문입니다. 입시 제도를 바꾸고 교육과정을 바꾸는 것만으로 교육 문제를 해결할 수 없는 이유가 여기에 있습니다.

블루칼라보다 화이트칼라를 선호하고 의사나 회계사 같은 직업 종사자들이 우대받는 분위기는 세계 어느 나라나 비슷합니다. 하지만 앞서 언급한 나라들은 대학을 나오지 않거나 인기 있는 직업을 가지지 않은 사람도 적절한 노동량으로 괜찮은 보수를 받으며 생활할 수 있습니다. 그런 제도들을 갖추고 있는 것이죠. 공부하고 싶은 사람은 공부를 하면 되고, 다른 길을 가고 싶으면 다른 길로 가면 됩니다. 그러니까 고등학교에서도 공부를 위한 공부가 아니라 실제로 생활에 필요한 법과 인간관계 등에 대해 배우고 생각할 수 있는 것이죠.

하지만 우리 사회는 연봉과 복지, 안정성 등 여러 가지 면에서 대기업과 중소기업, 전문직과 기술직의 편차가 너무 커요. 우리가 흔히 생각하는 그 '앞줄'에 서지 못해도 먹고사는 데 있어 크게 부족함 없이 인간다운 대접을 받으며 살 수 있으면 괜찮은데, 그게 안 되니까 경쟁이 치열할 수밖에 없는 거예요. 돈 많은 집에서 태어나지 않은 이상, 공부를 잘해서 소득이 높은 직업을 갖는 것 외에는 경제적으로 넉넉히, 또는 큰 걱정 없이 살 수 있는 방법이 별로 없는 거죠. 게다가 현재 잘 살고 있는 사람도 노후를 자력으로 대비해야 합니다. 우리나라의 노인 빈곤율과 자살률은 OECD 국가 중 1위예요. 나이 들어서 박스 주우러 다닐까 걱정이라는 직장인들의 자조 섞인 농담은 우리의 슬픈 현실을 반영하고 있는 것 같습니다.

스스로 생각하는 사람을 기른다는 것

어쩌다 보니 제가 교육부 미래교육위원회에 몸담게 되었습니다. 가보니까 위원들 중에서 제가 가장 나이가 많더라구요. 다양한 연령과 직업을 가진 사람이 많았는데 그중에는 고등학생도 있었습니다. 대학 입시를 준비하는 데 힘을 쏟는 것보다 창업을 해서 자기 꿈을 펼치는 데 더 열정적인 친구였어요. 다른 위원들도 모두 남달라 보였습니다. 앞으로 변화할 사회에 걸맞은 새로운 생각과 일, 계획을 가지고 있는 분들이었어요. 스스로 늙었다고 생각하지 않았는데 그곳에서 내가 꽤 나이를 먹었구나, 라는 걸 새삼 느꼈습니다. 게다가 저는 고전을 연구하는 사람이잖아요. 내가 미래교육과 관련해서 할 수 있는 일이 과연 무엇인가 고민하기도 했습니다.

저는 변화를 주도하거나 우리 교육의 미래를 이끌 만한 사람이 되지 못합니다. 제가 할 수 있는 일이라면 이 정도일 것 같아요. 뭐냐 하면, 역사는 변화를 거듭하며 발전하지만 그럼에도 불구하고 변하지 않는 가치가 있다면 무엇인지, 과거와 현재와 미래의 연장선 속에서도 교육이 변함없이 지켜야 할 게 있다면 무엇인지 찾아내고 되짚어보는 것입니다. 이것은 미래교육위원회에 소속된 사람으로서만이 아니라 학생들을 가르치는 교육자이자 미래를 맞이할 한 명의 인간으로서 해야 할 일이기도 합니다.

'4차 산업혁명'이 다가오고 있다고, 아니 이미 시작되었다고 얘기합니다. 전문가들은 여러 분야에서 인공지능이 사람의 역할을 대신할 거라고 예측하고 있어요. 그에 따라 수많은 일자리가 사라지는 것은 물론, 특정한 기술의 필요성이 더욱 커지거나 반대로 줄어들겠지요. 하지만 모든 것은 말 그대로 예측일 뿐이고, 구체적으로 어떤 세상이 펼쳐질지 우리는 알 수 없어요.

우리가 예상하는 미래는 생각보다 더 빠르게 닥칠 수도 있습니다. 어떤 분야는 예상과 다르게 흘러갈 수도 있어요. 제가 어렸을 때 당시 전문가들이 예측했던 21세기 사회의 모습을 떠올려보면 어떤 것들은 소름이 돋을 만큼 똑같고, 그보다 훨씬 많은 발전을 이룬 것들도 있습니다. 하지만 다르거나 틀린 것들도 있거든요.

많은 사람들이 4차 산업혁명 시대에 맞는 인재가 되기 위해 고민하고 있습니다. 세상이 이렇게 빠르게 변하는데 잘 적응하려면 뭘 배워야 할까? 어떤 기술을 배워야 미래 사회에서 살아남을까? 그런데 제가 보기엔 모두들 실체가 있는 기술이나 특정 지식을 배우는 것에만 초점을 맞추는 것 같아요. 그런 면에서 제가 공부하는 인문학은 들어설 틈이 없어 보입니다. 어떤 분야가 유망하고 어떤 기술이 중요해질지 저는 잘 알지 못해요. 하지만 정말 중요한 것은 그런 게 아닐 거라고 생각합니다.

세상이 어떻게 변하든 변하지 않는 것이 있습니다. 기술이든 과학이든 그것을 만들어내는 주체는 인간이고, 그것을 이용하며 혜택을 누리는 존재 또한 인간이라는 점입니다. 인간은 더 이상 지구상에서 쓸모가 없다는 것을 자율적으로 판단한 막강한 로봇의 군단이 지구를 구하려면 인간을 없애버려야 한다는 끔찍한 결론에 이르러 우리를 모두 몰살하지 않는다면 말이지요.

우리는 근본적으로 이런 질문을 던질 수 있습니다. '기술은 인간에게 무엇이어야 하는가.' 인간에 대한 깊은 이해가 없다면 인간을 위해 만들어진 것들이 자칫 인간에게 재앙이 될 수도 있습니다. 따라서 우리는 그 어떤 기술을 배우기 전에 인간은 무엇이며, 무엇을 해왔으며, 무엇을 해야 하는지에 관한 깊은 이해가 필요합니다. 그 이해를 바탕으로 새로운 기술의 쓸모와 방향을 판단할 수 있을 겁니다. 나아가 어떤 양상으로 세계가 변하든 그 속에서 인간의 역할이 무엇이여야 하는지를 판단하고 상상할 수 있는 사람이라면 그 어떤 새로운 세상에서도 자신의 삶을 잘 꾸릴 수 있을 거라 믿습니다.

주어진 지식만 전달하는 교육 방식으로는 그런 사람을 길러낼 수 없겠지요. 문제풀기를 반복하면서 답을 골라내기만 했던 사람은 생소한 문제를 만났을 때 제대로 대처하기가 어려울 테니까요. 흔히들 '사람을 만드는 교육'이라는 말을 합니다. 이제 우리는 정답을 맞히는 사람을 만들기보다 스스로 생각하는 사람을 만드는 교육을 해야 할 것입니다. '만든다'는 표현이 인간을 물건 취급하는 것 같아 기분이 나쁘시다면, '사람다운 사람이 되도록 돕는 교육'이라고 하겠습니다. 더 나은 사람, 그리고 더 나은 세상을 만드는 열쇠가 바로 그런 교육에 있지 않을까 합니다.

일곱 번째 문

평범한 우리들의 이야기는
역사가 될 수 있을까?

역사의 발전을 위해 우리가 넘어야 할 것

고대 그리스인들은 아무리 좋은 것인들
지금에 안주하지 말라고 말합니다.
평온하고 안락한 삶을 사는 한, 아무도 기억해주지 않을 거라며
사람을 무지 초조하게 만들지요.
좀 평안하게 살겠다고 머물면 볼품없고 초라한 삶을 사는 거라는 듯
'썩소'를 보내는 것만 같아요.
그런 밋밋한 삶을 버리고 뛰쳐나가 싸우라고 합니다.

그리스 신화의 시작

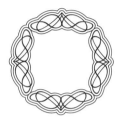

그리스 신화는 카오스에서 시작됩니다. 우리는 카오스를 '혼돈'으로 알고 있지만, 원초적인 뜻은 '커다란 공허'에 가깝습니다. 카오스가 생겨난 다음에 가이아, 타르타로스, 그리고 에로스가 생겼다고 해요. 가이아는 대지이고, 타르타로스는 지하세계 깊은 곳, 즉 심연입니다. 에로스는 아시다시피 사랑의 신입니다. 여기서 사랑이란 우리가 아는 그런 뜻만 있는 것이 아니라 일종의 에너지라고 볼 수 있어요. 모든 물질이 역동하게 하는 힘이지요.

이들이 그리스 신화에 등장하는 최초의 신들입니다. 타르타로스에 대해서는 학자들마다 다른 의견을 내놓고 있지만, 카오스와 가이아, 에로스가 최초의 신임에는 이견이 없어요.

이중 최초의 지배자는 가이아입니다. 카오스는 장소를 빌려주었고, 에로스는 에너지로 존재했으며, 실질적 힘은 가이아에게 있었습니다. 신화학자들은 이런 해석을 내리기도 합니다. 가이아 여신이 세계를 처음으로 지배했다는 이야기는 원시 시대가 모계중심 사회였음을 보여준다는 거예요.

실제로 가이아는 많은 것들을 만들어냈습니다. 가장 먼저 우라노스와 호론과 폰토스를 낳지요. 우라노스는 하늘, 호론은 산, 폰토스는 바다라는 뜻입니다. 대지인 가이아가 자신의 일부를 들어내서 하늘을 만들고, 일부를 솟아오르게 해서 산을 만들고, 일부를 녹여내어 바다가 생기도록 했다는 겁니다. 그리스인들의 창의적인 상상력을 엿볼 수 있는 부분이지요. 자연을 의인화하고 신격화해서 이해한 것이라고 볼 수 있습니다.

가이아는 자신이 낳은 자식 중 하나인 우라노스를 남편으로 삼습니다. 그리스 사람들 눈에는 점차 어두워지면서 밤이 되는 모습이 마치 하늘이 대지로 내려오는 것처럼 보였나 봐요. 우라노스가 부인인 가이아와의 잠자리를 위해 내려온다고 생각한 거예요. 아침이 되면 우라노스가 하늘로 올라가면서 세상이 다시 밝아지는 것이죠. 우라노스가 위아래로 움직인 것을 밤과 낮으로 상상한다면, 어쩌면 가이아가 우라노스를 남편으로 삼은 것이 아니라 우라노스가 가이아를 아내로 삼은 것일지도 모릅니다.

그렇게 해서 가이아와 우라노스는 열두 명의 자식을 낳았는데,

이들을 티탄 신족이라고 이야기합니다. 영어식으로 읽으면 타이탄이지요. 가이아는 그 외에도 키클롭스들과 헤카톤케이르를 낳았어요. 키클롭스는 외눈박이 거신(巨神)이고, 헤카톤케이르는 백수거신(百手巨神)입니다. 헤카톤은 100, 케이르는 손이라는 말이거든요.

자식을 많이 낳은 가이아는 아들이자 남편인 우라노스에게 자신의 권력을 넘겨줍니다. 이제 네가 세상을 잘 다스려봐라, 한 것이죠. 어쩌면 그것보다는 폭력적인 속사정이 있었던 것 같습니다. 가이아 위에 군림하는 우라노스가 어머니로부터 권력을 빼앗았던 것이지요. 그렇게 두 번째 권력자가 된 우라노스는 자식들이 엄청나게 크고 힘이 세니까 좀 겁이 났던 모양이에요. 자신이 어머니에게서 권력을 빼앗듯이 자식들이 반란을 일으킬까 봐서겠지요. 그래서 자식들을 모두 땅속 깊은 곳, 그러니까 가이아의 자궁 속에 다시 집어넣습니다. 그러고는 자기 멋대로 통치를 해요. 독재자인 셈이죠.

가이아 입장에서는 무척 화가 나는 일이었겠죠. 그래서 자기 안에 있는 자식들에게 이렇게 이야기합니다. 너희 아버지가 나를 고통스럽게 하고 너희를 내 뱃속에 가두어 괴롭히니 안 되겠다. 무슨 수를 써야겠다. 너희 중 누구든 나서서 우라노스를 처치하려 한다면 내가 도와주고 새로운 왕으로 만들겠다 하니까 다른 자식들은 망설였지만, 막내였던 크로노스가 용감하게 나섭니다. 가이아는 크로노스에게 아다마스라는 불멸의 금속으로 만든 커다란 낫을 주었지요. 크로노스는 밤이 되어 가이아에게 내려오는 우라노스를 기다렸다가 우라노스의 남근을 베어버립니다. 거세된 우라노스는 황급히 도망가고 이제 크로노스가 세계를 지배하는 새로운 왕이 되었어요.

크로노스는 누이인 레아와 결혼합니다. 크로노스는 '시간', 레아는 '흐름'이라는 뜻이에요. 둘의 결합은 곧 시간의 흐름을 의미하지요. 시간이 흐르면 모든 게 변하고 쇠하고 멸망하잖아요. 그렇게 우라노스의 지배가 끝나고 크로노스의 시대가 온 거예요.

그런데 크로노스도 권력을 잡고 나니까 아버지와 같은 마음이 들었습니다. 자식에게 권력을 빼앗기고 싶지 않았어요. 그렇다고 자식들을 레아의 배 속에 집어넣자니 그것도 꺼려졌습니다. 그 속에서 자식들이 음모를 꾸밀 수도 있잖아요. 자기가 그랬듯이 누군가가 자신을 해치려 들까 봐 무서웠겠지요. 결국 크로노스는 자식들을 자기 배 속에 넣기로 결정하고 태어나는 족족 삼키게 됩니다.

새로운 세상의 도래

레아는 크로노스와의 사이에서 여섯 명의 자식을 낳습니다. 마지막으로 태어난 아기가 바로 제우스였어요. 레아는 이 아기만큼은 지켜야겠다는 생각으로 아기 대신 돌덩어리 하나를 강보에 싸서 크로노스에게 건네줍니다. 그걸 받아든 크로노스는 급한 마음에 제대로 확인도 하지 않은 채 삼켜버렸대요.

그리스 델피에 가면 아폴론 신전 곁에 돌 하나가 전시되어 있는데, 제우스 대신 크로노스에게 삼켜진 돌이라고 씌어 있습니다. 관광객들이 그 돌을 촬영하기 위해서 길게 줄을 서고 그래요. 제우스는 자신을 살린 그 돌을 세상의 중심에 놓았다고 합니다. 그 돌의 이름은 옴파로스인데, 그리스 말로 '배꼽'이라는 뜻이에요. 고대 그리스 사람들이 델피를 세상의 중심으로 여긴 이유가 여기에 있지요.

레아가 발휘한 기지 덕분에 무사히 성장할 수 있었던 제우스는 자신의 형제자매들을 구해내고, 그들과 힘을 합쳐 아버지 크로노스를 포함한 티탄신족을 물리치려 합니다. 이것이 바로 티타노마키아(Titanomachia), 티탄들과의 전쟁이지요. 마키아란 말이 싸움, 결투를 뜻하거든요. 10년이나 계속된 이 전쟁에서 승리한 제우스는 아버지 크로노스와 삼촌 티탄신족을 지하세계 타르타로스에 가두고 최고신의 자리에 오르게 되었습니다.

아버지와 할아버지의 최후를 알고 있는 제우스는 어떻게 권력을 유지할까 고민하던 끝에 자신의 형제자매들과 권력을 나누기로 합니다. 형인 포세이돈, 하데스와는 제비뽑기를 했어요. 그 결과에 따라 제우스는 하늘을, 포세이돈은 바다를, 하데스는 지하세계를

카를 프리드리히 쉰켈, 「크로노스와 레아」, 19세기

크리스토파노 게라르디, 「크로노스에 의한 우라노스의 거세」, 16세기, 목판에 유채

통치하게 되었습니다. 땅은 셋이 함께 논의해서 공동으로 다스리기로 했고요. 누이인 헤스티아, 데메테르, 헤라도 한 자리씩 맡게 되었습니다. 데메테르는 대지에서 곡물이 자라나게 하는 일을 맡겼고, 헤스티아에게는 가정과 화로를, 헤라에게는 결혼과 권력을 관장하게 했습니다.

그런데 형인 하데스는 지하세계를 다스려야 한다며 내려가고, 누나인 헤스티아는 가정의 화로를 주관하는 일에 전념하겠다고 땅으로 내려가서 올림포스 통치 체제에서 빠집니다. 제우스는 남은 넷에다 자식들 중 여덟 명을 뽑아서 올림포스 열두 신 체제를 구축했습니다. 달과 사냥의 신 아르테미스와 태양과 궁술의 신 아폴론, 지혜의 신 아테나, 전쟁의 신 아레스, 대장장이 신 헤파이스토스, 전령의 신 헤르메스, 포도주의 신 디오뉘소스, 그리고 마지막으로 아름다움의 여신 아프로디테. 헤시오도스는 아프로디테가 우라노스의 거세된 남근이 바다의 신 폰토스의 품에 안기면서 태어났다고 노래하지만, 호메로스는 아프로디테도 제우스의 딸이라고 이야기하지요. 로마 신화에서 아프로디테는 베누스인데, 윱피테르의 딸이라고 해요. 이들 모두 우리에게도 이름이 익숙한 신들입니다.

도시국가 아테네에는 아크로폴리스로 불리는 언덕이 있고, 그 앞에 광장이 펼쳐져 있었습니다. 그 광장의 이름이 아고라입니다. 아고라에는 열두 신을 모시는 제단이 있었습니다. 고대 로마의 광장이었던 포룸에도 열두 신을 모시는 신전이 있었습니다. 열두 신의 리스트는 지역이나 시대에 따라 조금씩 다른데요. 각 지역이나 시대마다 중요시하는 신이 달랐던 까닭입니다.

그런데 가이아는 올림포스 열두 신이 마음에 들지 않았나 봐요. 이 녀석들이 자기를 무시하는 것 같은 거예요. 그래서 마치 조선시대 대왕대비마마 같은 모습으로 이런저런 일에 계속 간섭을 합니다. 그러다가 열두 신들을 몰아내야겠다는 생각까지 하게 되지요.

가이아는 거세된 우라노스의 남근에서 쏟아져 나온 피와 정액이 몸에 닿았을 때, 거신족인 기가스들을 낳는데, 그들을 앞세워 또다시 전쟁을 일으켜요. 이 전쟁을 기간토마키아(Giganthomachia)라고 합니다.

이름으로 알 수 있듯 거신족은 덩치가 엄청나게 컸어요. 바위, 불붙은 나무 같은 걸 던지면서 올림포스 신들에게 돌진했다고 해요. 하지만 올림포스 신들은 거신족을 제압했고, 가이아는 최후의 수단을 씁니다. 최초의 신 중 한 명인 타르타로스와 결합해서 티폰이라는 괴물을 낳아 보낸 거예요.

티폰에 대한 묘사를 보면 그야말로 어마어마한 괴물입니다. 티폰은 상반신은 인간, 하반신은 뱀의 모습을 하고 있습니다. 어깨에도 백 마리의 뱀들이 혀를 날름거리면서 위협적으로 희번덕거리지요. 앉아 있다가 벌떡 일어나면 머리가 하늘에 닿고, 한쪽 팔을 펴면 이쪽 세상 끝에, 다른 쪽 팔을 펴면 저쪽 세상 끝에 닿는대요.

게다가 눈과 입에서는 불과 광풍을 뿜는다고 합니다.

　이런 티폰을 보자마자 올림포스 신들은 전의를 상실하고 도망쳤습니다. 티폰에게 들킬까 봐 동물로 변신해서 도망을 쳤다고 해요. 고대 로마의 유명한 시인 오비디우스는 『변신 이야기』라는 작품에 이 이야기를 담았는데요. 이때 제우스는 숫양의 모습을 하고 도망을 갔다고 해요. 이집트 창세 신화에 등장하는 신 암몬의 모습을 보면 머리에 뿔이 나 있는데, 그리스에서는 이 신을 '제우스 암몬'이라 부르며 같은 인물로 보기도 했습니다.

　그러나 제우스는 결국 티폰과의 싸움에서도 승리합니다. 가이아도 제우스의 권력과 열두 신 체제를 인정하며 다시는 해코지하지 않겠다고 약속하지요. 제우스는 영원한 통치권을 손에 쥐면서 우라노스, 크로노스와 다른 길을 걷게 되었습니다.

기성세대와 새로운 세대의 맞대결

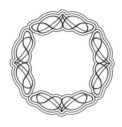

제가 그리스 신화의 시작에 대해 이처럼 길게 이야기한 이유는 이 이야기를 통해 고대 그리스인들이 생각했던 인간 사회의 본질을 발견할 수 있기 때문입니다. 신화는 얼핏 보면 잔인하고 황당하면서도 우스운 옛날이야기 같지만, 그걸 읽으면서 역사가 어떻게 흘러왔는지, 그리고 세계를 지배하는 방식이 어떻게 바뀌어왔는지를 알 수 있어요.

신들의 역사를 한마디로 정의한다면 '친부살해의 전통'이라고 할 수 있습니다. 그리스 말로는 파트로크토니아(patroktonia)라고 하는데, '파트로'는 아버지를, '크토니아'는 살해를 뜻합니다. 물론 진짜로 죽인 것은 아니지요. 일종의 비유입니다. 크로노스와 제우스

모두 아버지를 쫓아내고 권력을 잡았어요. 친부살해란 새로운 세대가 앞선 기성 시대를 몰아내는 것을 뜻합니다. 이와 같은 친부살해가 없다면 새로운 시대는 오지 않습니다. 이것이 옛 그리스 사람들이 생각한 역사의 진실입니다. 역사 속에서 기성세대와 새로운 세대는 갈등할 수밖에 없어요. 그런데 기성세대가 뒤로 물러나야만 새로운 세대가 자신들의 세상을 열어갈 수 있으며, 그래야만 역사는 앞으로 나아가는 것입니다.

한편 자식들에게 했던 우라노스와 크로노스의 행동은 기성세대가 새로운 세대를 대하는 방식을 드러냅니다. 기성세대는 자신들이 만들어놓은 틀 속에 아이들을 가두고, 아이들이 그저 말 잘 듣고 조용히 살기를 원해요. 수많은 아이들이 그 안에서 살아갑니다. 그들은 과연 행복할까요? 엄마아빠 품 안에 있으니 편안하고 행복할 수도 있겠지요. 하지만 계속 그 안에서 살 수 있을까요? 그럴 수는 없어요. 그 틀을 벗어날 때 자기만의 세계를 얻게 되거든요.

우라노스를 물리치고 형제들과 함께 어두운 땅속을 벗어났을 때 크로노스는 얼마나 자유로웠겠어요. 그런데 그렇게 부모의 세계를 벗어난 크로노스 역시 자기 자식들을 가둬버리거든요. 어느 시대, 어느 곳에서나 그렇지 않나요? 새로운 세대를 부정적으로 바라보는 기성세대의 기록은 동서고금을 막론하고 찾아볼 수 있습니다. 심지어 세계에서 가장 오래된 문명이라는 수메르의 점토판에도 버릇없는 아들을 꾸짖는 글이 쐐기문자로 새겨져 있다고 해요. 어른은 공경해야 할 대상이고 그렇게 하지 않으면 버릇없는 젊은이인 것이죠.

어떻게 보면 이건 인간의 자연적이고 본성적인 생리입니다. 힘과 열정이 넘치는 시절에는 세상이 자기 것 같지만 나이가 들수록 신체 기능은 점점 쇠퇴하고 무대 중앙에서 물러날 때가 와요. 대신 살아온 세월만큼 경험과 지혜가 쌓이기도 합니다. 노인들은 자신과 같은 젊은이들을 보면 '나도 한때는 저랬었지'라는 생각을 하겠지요. 그들이 부럽고 자랑스러운 한편 걱정스럽거나 안타까운 마음도 들 거예요. 그러나 젊은 사람 입장에서는 나이든 사람의 조언이 간섭처럼 느껴지거든요. 물론 그랬던 사람들도 나중에는 젊은 세대를 보며 또 혀를 끌끌 차요. 그러니까 어느 시대에나 세대갈등은 일어날 수밖에 없는 거예요.

그러고 보면 그리스 사람들은 참 재밌어요. 신화로 인간의 본성을 아주 솔직하게, 적나라하게 가르쳐주잖아요. '기성세대는 원래 그래. 새로운 세대에게 자리를 빼앗기려 하지 않아.' 이런 얘길 해주는 거예요.

그걸 꼭 나쁘게만 볼 수는 없습니다. 부모자식 관계를 예로 들면 부모 입장에서는 자신들이 만들어놓은 틀 안에서 자녀들이 살기를 바랄 수밖에 없어요. 그래야 안심이 되거든요. 자식이 그 틀을 뛰쳐나가면 안전하지 못할 것 같고, 잘못될 것만 같아요. 한편으로는 부모의 영역에서 벗어나려는 자녀에게 서운하고 괘씸한 마음이 들기도 합니다. 그래서 어떤 식으로든 통제를 하려고 하지요. 아이가 어릴 때는 '자꾸 말 안 들으면 용돈 안 준다?' 이러잖아요. 이건 귀여운 협박이지만 아이들이 클수록 말의 강도가 점점 세져요. 엄마아빠 말을 안 들으면 나중에 후회할 거야. 네가 학벌사회를 무너뜨릴 수 있을 것 같아? 좋은 대학 안 나오면 인간 대접이나 받겠니? 이런 무시무시한 말들을 서슴없이 합니다.

그런데 이런 어른들을 무작정 비난할 수가 없어요. 그들이 나빠서가 아니라, 새로운 세대에 대한 걱정이 일그러져 전폭적인 믿음을 주지 못해서 그런 겁니다. 아이들이 스스로의 길을 찾아 지금보다 더 멋진 세상을 만들 거라는 상상을 하지 못한 채, 기존의 체제와 가치 안에 머물기를 바라는 거예요.

그리스 사람들은 그런 어른들의 습성을 잘 알았고, 그 습성의 폐단이 무엇인지도 잘 이해했던 것 같아요. 그래서 아이들에게 신화를 통해 가르치는 겁니다. '우리 어른들이란 원래 이렇단다. 너희들을 자꾸 우리들의 틀 속에다 가두려고 하지. 우리가 그렇다는 거 잘 이해하렴. 하지만 그 안에 안주하고 머물지 마라. 뛰쳐나가려고 했다가 그 틀이 너무 단단해 부딪혀 주저앉았다고 실망하고 포기하지 마라. 우리가 그렇게 지키려고 하는 이 틀을 깨고 나와 너희들의 세계를 만들어 보렴. 우라노스가 가이아의 간섭에서 벗어나서 그랬던 것처럼, 크로노스가 우라노스를 거세하고 땅에서 바깥으로 나왔던 것처럼, 제우스가 형제자매들을 크로노스의 뱃속에서

구하고 아버지 세대와 싸웠던 것처럼, 그렇게 너희도 우리에게 덤비렴. 물론 우린 쉽게 물러나지 않을 거다. 그러니 단단히 힘을 키워라. 그리고 꼭 너희들의 세계를 만들어라.'

그리스인들과 로마인들이 아버지를 몰아내는 폭력적인 신화를 대대로 자식들에게 들려주면서 이런 메시지를 던진 거라고 생각하면, 참 대단하다고 감탄할 수밖에 없지요. 우리는 과연 이런 식으로 자라나는 세대들을 격려하고 응원하며 또 버틸 수 있을 때까지 단단하게 버티면서 새로운 세대들의 맷집과 뚝심을 길러주는 교육을 할 수 있을까요?

무엇이 세상을 변하게 하는가

하지만 그리스 로마인들은 신화를 통해서 세대갈등과 친부살해만을 이야기하는 데서 그치진 않았습니다. 뭔가 결론적으로는 이상적인 그림이 필요하잖아요. 세대갈등을 인정하되 좀 더 평화로운 결말이 있다면 좋을 것 같은 거죠. 제우스(로마에서는 윱피테르)까지 권력이 넘어 왔는데, 여전히 세대 갈등이 반복되고 그도 결국 자기 자식에게 권력을 빼앗길까요?

아닙니다. 그는 한번 획득한 권력을 영원히 지키면서 마침내 우주의 권력 체계에 질서를 잡습니다. 그리스 말로 질서를 '코스모스'라고 하지요. 제우스는 카오스에서 시작한 신화의 역사를 코스모스로 매듭지은 겁니다. 그러고 보니, 그리스로마 신화의 역사는 한 마디로 '카오스에서 코스모스로'로군요. 이렇게 제우스가 권력을 잡고 영원히 유지하면서 세상의 질서를 잡은 비결은 무엇일까요? 다시 한 번 정리해 볼게요.

여러 번의 전쟁에서 승리하고 최고의 신이 된 제우스는 세상을 어떻게 다스려야 할지 고심하기 시작합니다. 할아버지와 아버지의 최후를 봤으니까 권력을 유지하는 일이 얼마나 어려운지 알고 있었겠지요. 그동안 신들의 숫자도 많이 늘어났는데, 그 말은 곧 제우스의 권력에 도전할 만한 세력도 많다는 뜻이었습니다.

고민 끝에 제우스는, 앞에서 잠깐 말씀드렸던 것처럼, 자신과 함께 싸워준 형제자매들과 권력을 나눕니다. 그리고 자식들 가운데 똑똑한 여덟 명의 자식들을 골라 열두 명의 올림포스 신 체제를 함께 만들지요. 제우스는 우라노스나 크로노스와는 달리 권력을 독차지하지도 않고, 자식들을 가두지도 않았습니다. 최고 권력자의 위치에서 세상을 다스리고 12신을 모두 관리했지만, 각자의 영역은 되도록 관여하지 않았어요. 그 영역을 관장하는 신들에게 맡긴 거지요. 아주 영리하게 통치권을 발휘했다고 볼 수 있습니다.

제우스가 계속해서 권력을 쥘 수 있었던 이유는 바로 여기에 있습니다. 새로운 세대들을 억압하는 게 아니라 오히려 기회를 주었고, 각자에게 맞는 역할과 책임을 주었거든요. 그러니까 그들도 자신의 능력을 마음껏 펼치면서 제우스와 함께 힘을 합해서 조화롭게 세상을 다스렸던 것이죠. 한마디로 제우스는 기존의 경직되고 완고한 틀을 깼고 다음 세대가 마음껏 활동할 수 있도록 자유로운 틀을 허용했던 겁니다.

또 하나 잊지 말아야 할 점은 제우스가 기성세대도 포용했다는 것입니다. 제우스와 그 형제들이 티탄 신족과의 싸움에서 이길 수 있었던 건 삼촌들 중에서 소위 '주류'에 끼지 못했던 외눈박이 거신들에게 도움을 요청한 덕분이었습니다. 그들은 자신을 찾아온 조카 제우스를 반가워하며 천둥과 벼락, 전광을 내주었다고 해요.

또 다른 삼촌인 백수거신도 제우스를 도왔습니다. 제우스 덕분에 지하에서 나온 백수거신들은 3백 개나 되는 손으로 바위를 던지면서 티탄 신족들을 압도했다고 합니다. 제우스의 승리 비결을 살펴보면 자기 형제들의 도움이 있었지만 기성세대 중에서 소외된 이들을 자기편으로 끌어들인 것도 크게 작용했다고 할 수 있지요.

그리스 신화를 통해서 우리는 무엇이 세상을 변하게 하는지 알 수 있습니다. 새로운 세대가 어떻게 새로운 세상을 열어야 하는지, 그리고 기득권을 지닌 기성세대들은 다른 세대를 어떤 식으로 포용해야 하는지 얘기해주는 것 같아요. 기성세대가 독선에 사로잡혀 새로운 세대를 억압해서도 안 되고, 새로운 세대 또한 기성세대를 무조건 밀어내서는 안 될 것입니다. 결국 기존의 것 중에서 좋은 면은 받아들이되 안 좋은 부분은 개선해서 더 나은 세상으로 나아가려는 노력을 해야 합니다. 그래야 발전이 있겠지요. 이런 메시지가 그리스로마 신화의 최종적 결론인 것 같아요.

그리스로마 신화에 비추어 볼 때, 저는 세대갈등을 꼭 부정적으로만 생각할 게 아니라 새로운 역사를 만들어가는 원동력으로 봤으면 좋겠어요. 새로운 세대가 기성세대의 말대로만 한다면 그게 과연 좋은 세상일까, 하는 생각이 듭니다. 기성세대의 틀이 반드시 나쁜 것은 아니에요. 그것도 오래 전부터 수많은 사람들이 이런저런 시도를 해보고 그중 좋은 것들을 골라 만들어놓은 것이거든요. 그것은 이후에도 계속 지켜나가야 할 훌륭한 전통일 수 있지요. 그렇게 이미 만들어진 기존의 틀에 안주하면 편할 거예요. 안정적인 삶을 살 것이고, 서로 간에 갈등도 별로 없겠지요. 하지만 발전도 없을 거예요. 아무리 훌륭한 사회라고 하더라도 변화가 없으면 정체되고 퇴색하며, 결국에는 화석화되고 맙니다. 그리고 말입니다, 주어진 틀이 아무리 좋아도 그걸 벗어나고 싶어 하는 묘한 욕망이 사람들에게는 본능처럼 있지요. 자유를 위한 욕망 말이에요.

틀을 부수어야 역사는 나아간다

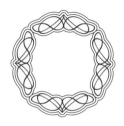

그리스 신화는 기존의 틀을 부수고 뛰쳐나가야 한다고 가르칩니다. 인간에게 본능적으로 있는 자유의 욕망을 자극하면서 말이죠. 어떻게 보면 그런 가르침이 그리스가 찬란한 문명을 이루었던 힘 같기도 합니다. 바로 그 힘이 로마로 이어지고, 서구 세계에 퍼져서 그들이 근대를 이루면서 어느 순간 폭발하는 것처럼 굉장히 빠른 속도로 발전하는 데 도움이 된 것 같아요.

그리스 문명의 영향 때문인지 서양에서는 아이들에게 모험심을 강조합니다. 제가 농담 삼아 하는 말이지만 서양 어린이들이 많이 읽는 동화책을 보면『허클베리 핀의 모험』,『엄마 찾아 3만 리』,『15소년 표류기』,『보물섬』처럼 어딘가로 나가는 이야기예요. 집을 떠난 아이들이 여러 가지 어려움을 극복하며 성장하는 내용입니다. 집에 편안하게 잘 지내고 있는 아이들에게 마치 집을 뛰쳐나가라고 매혹적인 마법을 거는 것 같아요. 아직 무르익지도 않은 아이들의 마음속에 씨앗처럼 있는 자유의 갈망을 일깨우는 거죠.

서양 고전이나 필독서 목록마다 일순위로 꼽히는 『오뒷세이아』는 극단적인 사례를 보여줍니다. 주인공 오뒷세우스는 아름다운 요정 칼립소가 제안한 '영원히 편안하고 즐거운 삶'을 거부합니다. 칼립소의 섬을 떠나 죽음이 도사리는 험난한 바다로 나가지요. 그의 무모하고 위험한 선택이 독자들의 가슴속에 잠들어 있는 자유의 욕망을 짜릿하게 자극하지요.

안주하는 삶을 경계한 그리스인과
한국의 교육 제도

고대 그리스인들은 아무리 좋은 것인들 지금에 안주하지 말라고 말해요. 평온하고 안락한 삶을 사는 한, 아무도 기억해주지 않을 거라며 괜한 사람을 무지 초조하게 만들지요. 그냥 좀 평안하게 살겠다고 있으면 찌질하고 초라한 삶을 사는 거라는 듯 '썩소'를 보내는 것만 같아요. 그런 밋밋하고 남루한 삶을 버리고 뛰쳐나가 싸우라고 합니다. 그게 어디서 나온 자신감인지, 객기인지 저는 잘 모르겠어요. 하지만 분명 그런 가르침이 새로운 세대들을 새로운 세대답게 만드는 것 같습니다.

우리나라에도 좋은 이야기가 많지만, 아이들이 모험을 떠나는 내용은 별로 없는 것 같아요. 심청전이나 홍길동전을 꼽을 수 있을까요? 하지만 어른들은 모험과 도전을 자극하고 권장하는 그런 이야기를 아이들에게 적극적으로 많이 해주지는 않고요. "집 떠나면 고생"이라는 식으로 말하기 일쑤죠. 어른들이 즐겨 해주는 이야기는 효심이나 충심 같은 덕목을 담고 있는 게 많아요. 부모나 윗사람을 잘 따르는 아이가 착한 것이고, 그런 아이들이 복을 받는다는 거죠. 어른 말을 들으면 자다가도 떡이 생긴다는 속담도 있잖아요. 우리 사회에서는 엄마아빠 말씀을 잘 듣는 아이, 선생님이 하라는 대로 하는 아이가 모범생으로 칭찬을 받습니다.

부모들은 아이의 삶을 세세하게 계획하고 관리합니다. 몇 살부터 영어를 시작하고, 수학은 어느 정도 선행학습을 하고, 피아노나 바이올린 같은 악기 하나쯤은 취미로 가르치고... 이런 식으로 다 짜놓는 거예요. 틀에 가두는 거죠.

아이들은 부모가 짜준 틀 속에서 그렇게 길들여집니다. 공부의 목표나 계획, 방법조차 부모나 학원에 의지를 하다 보니 자기주도 학습이 안 되는 아이들이 많다고 해요. 그렇게 자란다면 과연 커서도 자신의 의지로 뭔가를 해낼 수 있을지 궁금합니다.

고대 그리스로마인들은 신화를 통해 그 틀을 깨고 나와야만 자기만의 세계를 만들고 행복하게 살 수 있는 거라며 용기를 내보라고 말했던 반면, 우리 부모들은 그 틀 안에서 딴 생각하지 않고 잘 자라야만 세상에서 성공할 수 있다고 말하는 격이지요. '틀을 깨고 나간다고?' 왜 쉽고 편한 길을 놔두고 어렵고 힘든 길을 가려고 하냐고 면박을 주며, 심지어 필패할 거라고 단언하며 협박합니다.

그런 협박에 주눅이 들어서일까요? 요즘 우리 현실을 보면 새로운 세대는 도전보다는 안주를 원해요. 실패를 두려워하기보다는 자유를 만끽하는 데서 기쁨을 느끼는 당찬 패기는 어디가고, 무기력하게 현실에 순응하는 꼴입니다. 스스로 틀에 갇히는 거죠.

최근 몇 년간 교육부에서 조사한 학생들의 희망 직업 순위를 살펴보면 공무원이 꼭 들어가 있어요. 안정적으로 살 수 있을 것 같아서 그렇다고 합니다. 공무원이 되겠다는 것 자체가 나쁘다는 게 아니라 한창 하고 싶은 것을 꿈꿀 나이에 안정성을 기준으로 꿈을 포기하고, 꿈꾸는 것 자체를 두려워 하고 거부하면서 장래희망을 택한다는 현상이 참 씁쓸하게 느껴지는데요. 그렇다고 아이들을 탓할 수는 없어요. 우리 사회의 견고한 틀이 아이들로 하여금 그 틀에 맞춰 살 수밖에 없게끔 떠미는 것 같으니까요.

어른들이 권하는 길을 잘 따라가고, 만들어준 틀에 잘 순응하면 성공한다는 이야기는 우리의 기성세대가 주입하는 강력한 신화입니다. 실패에 어떤 가치가 있을까, 하는 물음이 우리에게는 없어요. 실패에 어떤 가치가 있느냐는 질문이 성립하려면 적어도 실패에 가치가 있다는 게 전제되어 있어야 하거든요. '실패는 가치가 있다. 그렇다면 어떤 가치인가?' 이렇게 질문이 이어져야 하는데, 실패가 곧 끝이나 다름없는 사회에서 실패의 가치를 논할 수 없는 것이죠.

그러다 보니 아이들 입장에서는 실패가 너무 무서운 거예요. 실패를 두려워하지 않는 게 젊은 세대의 특징이자 특권일 수 있는데 실패할 만한 여지가 있는 쪽으로는 눈을 돌리지 못하고 있어요. 그렇다면 기존의 틀에 맞춘 삶은 행복을 가져다줄까요? 그 질문에 대해서도 확신이 없어요. 딜레마인 거죠. '우리가 먼저 살아봤어. 다 해봤으니까 하는 말이야. 우리가 하라는 대로 하면 잘 살 수 있어.' 이런 말을 들을 때마다 '이게 다 우리를 위해서 하는 말이구나. 열심히 그 틀에 맞춰 살면 되겠구나!'라는 확신도 없고, 또 그 틀을 깨고 나와 실패를 두려워하지 않고 새로운 도전을 떠나는 것에 대해서도 확신이 없는 거예요.

더군다나 정해진 틀 안에서 어떻게든 잘해보려 했지만 밀려나버린 사람들은 틀을 깨고 나가려고 도전해 보지 않았던 자신보다는 자신을 그렇게 틀 속에 주저앉히고 가두려고 했던 사회를 원망하게 됩니다. 자아성찰과 자기반성보다 세상에 대한 원망이 커지면 '묻지마식 범죄처럼' 그걸 망가뜨리고 해코지하는 쪽으로 돌아섭니다. 그런 사람이 많아질수록 사회가 혼란 속에 빠지게 되겠지요.

아량과 존경을 품고 맞설 것

저는 기존의 틀을 깨려는 새로운 세대의 싱싱한 도전이 많아졌으면 좋겠어요. 그리고 기존의 틀을 깨려는 사람들을 기성세대들이 응원해주는 여유가 확산되었으면 좋겠어요. 진정한 보수는 지켜야 할 가치가 있는 전통은 굳은 의지로 지켜 나가되, 나쁜 전통을 깨려고 하는 새로운 세대의 도전에 대해서는 아량이 있어야 한다고 생각합니다. 내가 지키려는 가치를 새로운 세대가 적폐라며 덤벼들 때, 그 갈등을 긍정의 에너지로 평가하고 '도전을 받아줄 테니 덤벼봐라, 한 번 멋지게 싸워보자'라는 의연한 여유가 보수의 품격을 지켜준다고 믿습니다.

저는 어른들이 아이들에게 조금 다른 말을 해줬으면 좋겠어요. 예를 들면, 공부나 해, 라는 말 대신 공부만이 답은 아니라는 새로운 가능성을 알려주어야 합니다. 모두가 똑같은 길로 들어서고 하나의 결승점으로 달리는 사회가 잘못됐다는 건 많은 사람들이 알고 있잖아요. 그런 삶의 방식에 의혹을 품고 있잖아요. 어떻게 보면 기성세대야말로 그 사실을 잘 알고 있을 거예요. 직접 경험했잖아요. '좋은 대학, 좋은 회사에 못 들어간다고 인생이 끝나지 않아. 회사는 네가 만들 수도 있어. 중요한 건 너를 믿고, 도전하고 너의 선택에 책임을 지는 거야.' 이런 말이야말로 아이의 자존감과 창조적인 도전정신을 북돋아 줄 수 있지 않을까요? 새로운 세대에게 도전하는 마음을 심어주는 것, 자유의 열망을 자극하는 것, 겁먹지 말고 하늘을 향해 맘껏 한 번 날갯짓 해보라고 응원하는 것, 그것이 어쩌면 훌륭한 기성의 틀을 제시하는 것보다 더 중요한 기성세대의 역할일 겁니다.

알베르 카뮈는『반항하는 인간』의 첫 부분에 이렇게 썼습니다.

"반항하는 인간이란 무엇인가? 'NO'라고 말하는 사람이다. 그러나 그는 거부는 해도 포기는 하지 않는다."

철학이나 과학, 예술을 포함한 인류의 역사가 발전한 것은 의심과 반항 덕분이었습니다. 그건 인간의 본성이기도 합니다. 기존의 질서를 그대로 받아들이는 사람은 새로운 세상을 만들지 못해요. 세상의 그 어떤 것에도 무조건 고개를 끄덕이지 말고 항상 의문을 가져야 합니다. 그리고 질문해야 합니다. 질문은 자기 자신을 위한 것이기도 하지만, 나를 둘러싼 세상을 바꾸기 위한 것이기도 해요. 잘못된 것이 있다면 순응하지 않고 반항했으면 좋겠습니다. 그 반항은 기존의 것에 대한 반발에서 그치지 않고 새로운 것을 창조하는 힘이 되어야 하겠지요. 역사의 발전은 그렇게 이루어지는 것 같습니다.

사족이 될까, 시쳇말로 '꼰대스러운' 제한을 가하는 것이 아닐까 살짝 걱정이 되긴 하지만, 한 가지 질문을 꼭 덧붙여야만 할 것 같습니다. 새로운 세대가 기존의 틀에 반항하며 도전하며, 파괴하려고 시도하는 일은 언제나 좋고 정당할까요? 그럴 수도 있겠지요. 하지만 새로운 세대가 강요로 느끼는 기성의 틀은 기성세대가 어렸을 때 그 이전의 틀을 깨고 만들어낸 새로운 것이었음을 기억할 필요는 있습니다. 그리고 새로운 세대가 기존의 틀을 깨고 만들어낸 새로운 틀은 그 이후에 태어날 새로운 세대에게는 낡은 것이 된다는 것도 또한 기억하면 좋겠습니다. 이런 역사의 흐름을 또렷하게 인식하고 생생하게 상상한다면, 청년들은 기성세대의 틀을 깨고 나오려고 도전하면서도, 그것을 만들려고 혼신의 힘을 다했던 어른들에게 존경을 표하는 기품 있는 태도를 갖게 될 것입니다. 여유와 아량의 품격을 갖춘 어른과 패기 있으면서도 존경심을 잃지 않는 기품 있는 청년 사이의 맞대결은 얼마나 건강하고 아름다운가요.

여덟 번째 문

타인을 이해하는 일은 가능한가?

갈등을 넘어 화합으로 가는 길

이야기를 함께 읽고, 듣고, 말하고, 계속 전승하면서
우리는 이야기를 매개로 세상을 바라봅니다.
한 사람 안에 누적된 이야기는 곧 그 사람의 세계가 됩니다.
이야기를 공유한다는 건 결국 같은 세계를 가진다는 것입니다.
물리적으로 떨어져 있는 사람들도 가까이 묶어주는 힘이 되지요.

욕망이 충돌하는 세상에 대처하는 자세

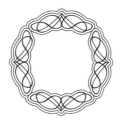

최근 우리 사회에 전염병처럼 번지는 현상이 있습니다. 바로 '혐오'입니다. 혐오의 사전적 정의는 아주 간단합니다. 미워하고 싫어하는 감정이지요. 다른 사람이나 집단을 미워하고 싫어하는 감정은 누구에게나 어느 정도는 있습니다. 그런데 주위를 둘러보면 혐오라는 게 그 강도가 만만치 않습니다. 어느 순간엔가 감정에 그치지 않고 그 수준을 넘어 상대를 배제하고 제거하려는 폭력적인 행동으로 표출되는 것 같아 문제가 됩니다.

개인이나 집단 간에 갈등이 생기는 건 자연스러운 일입니다. 우리는 저마다 다른 정서와 사상, 의견을 가지고 있고, 그 다름이 충돌을 일으킬 때, 남을 인정하며 타협하는 것이 어렵다는 판단이 들면, 누구나 자신이나 자신이 속한 집단의 이익을 먼저 추구하기 마련이니까요. 그러다 보니 서로 이익이 상충하는 개인이나 집단들은 당연히 충돌하게 됩니다. 자원이 풍부해서 모든 사람들의 욕망을 충족시킬 수만 있다면, 충돌은 피할 수가 있지요. 하지만 역사상 인류가 그런 풍요를 누린 적은 없어요. 있다면 사람들의 상상이 만들어낸 신화 속에서나 있지요.

세상이 복잡해질수록 욕망은 다양해지고 충돌도 잦아지며 그 양상도 복잡해집니다. 몇몇 사람만 모여도 갈등이 생기는데 오죽할까요. 우리나라도 지역갈등과 좌우갈등, 계층갈등, 세대갈등, 남녀갈등 등 수많은 갈등으로 몸살을 앓고 있습니다. 때와 상황에 따라 그 심각성이 더하거나 덜할지언정 갈등은 계속 존재하고 있어요. 이것을 비단 우리 사회의 문제라고만 할 수는 없습니다. 다원화 시대로 나아가는 와중에도 인종 갈등은 사라지지 않고, 민족갈등이나 종교갈등으로 내전이 끊이지 않는 나라도 있으니까요.

보통은 갈등을 부정적인 것으로 생각합니다. 평화와 화합을 방해하고 망치는 요소라고 인식해요. 그런데 인간 사회에 갈등이 있는 건 당연하거든요. 갈등을 억지로 숨기기보다는 내놓고 함께 논의하면서 해결책을 찾는다면 상호 이해의 계기가 되고 발전의 원동력이 될 수도 있지요. 갈등을 숨기는 것이야말로 위험한 일인지 모릅니다. 갈등이 없는 것처럼 포장하는 사회는 결코 그 갈등을 해결해나갈 수도 없어요. 연인이나 부부사이도 그렇잖아요. 의견 충돌이나 다툼이 한 번도 없다는 게 꼭 좋은 것만은 아니거든요. 어떤 부분이 서로 다른지 알아야 타협과 조율도 가능하니까요. 그 과정이 싫어서 계속 피하기만 한다면 마음속에 불만이 쌓이겠지요. 그리고 그 불만은 상대에 대한 혐오를 낳고, 폭력적인 행동으로 돌발할 수도 있습니다.

사회도 마찬가지입니다. 불거져 나온 갈등을 무조건 덮으려 하기보다는 그 양상을 제대로 파악하고 건강하게 극복해나가는 노력이 중요하겠지요. 그 노력의 결과는 사회 발전이나 개혁으로 이어질 것입니다.

그런데 요즘 우리 상황을 보면 타협과 조율을 통해 갈등을 해결하는 대신 상대편을 혐오대상으로 삼는 것 같아요. 갈등에 혐오라는 감정이 더해지고, 혐오가 배척과 배제의 행동으로 이어질 때, 갈등은 매우 파괴적인 결과를 낳게 됩니다. 우리 사회에 문제가 되는 것은 이런 현상 때문입니다. 요즘은 그 정도가 심해지면서 '혐오'라는 말도 부족한지, '극혐'이라는 신조어까지 생겼습니다. 특히 걱정스러운 점은 적지 않은 사람들이 혐오의 대상을 근거도 없이 일반화시키고 막연하게 집단화하고 무차별적으로 배척하고 공격한다는 것입니다. 한국여자 또는 한국남자, 부자 혹은 빈자, 노인이나 아이엄마 등등을 싸잡아서 욕하고 비난하면서 '묻지마 공격'을 서슴지 않곤 해요.

이 문제를 어떻게 봐야 할까요? 해결책은 어디서 찾을 수 있을까요? 나와 다른 사람, 다른 집단을 이해하기란 무척 어려운 일입니다. 그러나 그들을 온전히 이해하지 못한다고 하더라도 완전히 배제하고 갈 수는 없어요. 우리가 사회를 이루며 살아가는 한, 다양한 사람과 집단이 어우러져 살아갈 수밖에 없으니까요. 함께 조화를 이루며 살아가기 위해서는 무엇이 필요할까? 저는 그런 질문을 던져보고는 합니다.

에로스, 결핍과 욕망에서 사랑으로

갈등과 혐오의 문제에 관련해 에로스를 생각해 보려 합니다. 우리는 보통 에로스라고 하면 어린 아이 모습에 천사처럼 날개를 달고 날아다니며 화살을 쏘는 장난꾸러기 신을 떠올려요. 그런데 에로스는 그리스 신화에서 이야기하는 최초의 신 중 하나로, 사랑의 신입니다(로마 신화에서는 아모르 또는 쿠피도라고 하는데, 영어식으로 큐피드라는 이름이 우리에겐 익숙하지요). 사랑의 신이니까 갈등과 혐오를 극복하는 데에 어떤 시사점을 줄 수 있으리라 기대할 수 있겠지요? 하지만 그리 단순하지만은 않습니다. 에로스가 사랑을 의미하는 건 맞지만, 좀 복잡한 구조를 가지고 있어요.

사랑에도 여러 종류가 있잖아요. 부모 자식도 서로 사랑하고, 선생님은 학생을, 학생은 선생님을 사랑하고, 기독교에서는 신이 인간을 사랑한다고 하잖아요. 그런데 그리스로마 신화에서 에로스는 욕망에 가까운 사랑을 말합니다. 무언가를 향한 강렬한 열망 같은 것이거든요. 이런 게 성적인 욕망과도 통하기 때문에 에로스는 성애 또는 성욕으로 풀이되기도 합니다. 에로티시즘이니, 에로배우니 하는 말이 여기에서 나왔지요.

이 에로스는 태생적으로도 원초적인 신입니다. 그리스 신화의 출발점에는 가장 먼저 카오스가 있어요. 혼돈이라고 설명되기도 하는데, 원래는 공허에 더 가까운 의미이지요. 그 비어 있는 공간을 맨 처음에 가득 채운 것이 대지인 가이아입니다. 그때 같이 있었던 신이 에로스라고 해요.

그런데 이 설명은 아주 논리적이고 과학적인 것 같습니다. 어떤 물질이 세상에 존재하려면 그것이 들어설 자리가 있어야 하잖아요. 즉 공간이 있어야 하는데, 그게 바로 카오스에요. 공간이 생기면 그 다음으로는 공간을 채울 질료가 필요합니다. 그리스 사람들은 그것을 대지, 즉 흙이라고 본 것입니다.

에로스는 이 모든 것들을 움직이는 힘, 곧 에너지예요. 공간에 질료가 그냥 있기만 해서는 무언가가 생겨날 수 없어요. 그 질료를 움직여서 새로운 것을 생산하게 하는 에너지가 있어야 하는데, 그리스인들은 그것을 에로스라고 설명했습니다. 공간과 질료와 에너지를 가장 원초적인 것으로 두고, 이 세 가지가 있으면 뭔가가 만들어진다는 것이 고대 그리스인들의 생각이었습니다. 매우 논리적이고 과학적이지 않나요?

최초의 신들 가운데 카오스는 혼자서 어둠의 신 에레보스와 밤의 여신 뉙스, 남매를 낳았습니다. 카오스는 왜 자식을 낳았을까요? 아마 뭔가 부족함을 느꼈기 때문이겠지요? 카오스가 혼자서 이 남매를 낳았으니, 에로스가 개입하지 않은 거겠지요? 하지만 그렇게 단순하지 않습니다.

에로스가 사랑이며 욕망이라고 했는데, 욕망이란 무엇인가 결핍을 느낄 때 생기는 것이잖아요. 그러니까 에로스는 결핍을 전제하는 욕망과 사랑의 신인 거예요. 내가 결핍을 느끼면 동시에 그 결핍이 주는 고통을 겪게 됩니다. 그 고통에서 벗어나려면 결핍을 채우면 되지요. 결핍이 채워지는 만족감은 고통을 가시게 합니다. 결핍이 주는 고통에서 벗어나려는 욕망, 결핍을 채우려는 갈망이 바로 에로스의 정체지요. 그러니까 카오스가 혼자서 에레보스와 뉙스를 낳은 것도 뭔가 결핍을 느꼈기 때문이라면 에로스가 카오스를 자극하고 충동한 거라 할 수 있지요.

카오스에게서 태어난 에레보스와 뉙스에게 에로스는 적극적으로 개입하지요. 둘 사이에 사랑이 싹트고 서로 하나가 되니, 둘 사이에서 다른 남매가 태어납니다. 밝고 깨끗한 천공의 신 아이테르와 낮의 신 헤메라에요. 에로스로 한 몸을 이룬 어두운 밤이 밝고 환한 남매를 낳은 거예요.

가이아도 비슷해요. 혼자서는 뭔가 결핍을 느꼈나 봐요. 결핍이 주는 고통을 견디지 못했는지, 가이아도 혼자서 아이들을 낳아요. 결핍을 채우고 고통에서 벗어나려는 욕망은 에로스가 가이아에게 불어넣은 것이 분명해요. 대지의 여신 가이아는 자신의 일부를 떼어 투명하게 만들어 높이 띄워 하늘의 신 우라노스를 낳았어요. 그리고 자신의 일부를 묽게 녹여서 자기 곁을 두르는 바다의 신 폰토스도 낳았고요, 또 일부는 단단하게 뭉쳐 자신의 몸 위에 울퉁불퉁 솟아나게 하면서 산의 신 호론을 낳았어요. 가이아가 어떻게 이런 자식들을 낳을 수 있었을까, 생각하면 그 까닭은 에로스에게 있는 듯해요. 에로스는 가이아로 하여금 사랑의 감정보다도 더 원초적인 결핍의 고통을 느끼게 했고, 그것에서 벗어나려고 가이아는 하늘과 바다와 산을 낳아 자신을 온통 감싸게 한 거예요.

그러자 하늘의 신 우라노스는 밤을 끌어올리며 가이아에게 내려가 한 몸이 되어요. 에로스가 둘 사이에 서로에 대한 결핍을 느끼게 하고 서로를 길망하게 만든 거죠. 그것이야말로 원초적인 사랑, 성적인 욕망이라 할 수 있어요. 그 사이에서 오케아노스를 비롯한 12명의 티탄신족과 외눈박이 거신들과 백수거신들이 태어나지요.

에로스는 이렇게 최초의 신들에게 가장 먼저 결핍을 느끼게 했고, 고통을 가했어요. 그리고 그 고통에서 벗어나 결핍을 채우려는 욕망을 불러 일으켜 무엇인가를 스스로 낳을 수 있게 했어요. 그리고 그 다음에는 존재하는 것들 사이에 서로에 대한 결핍과 열망을 낳았으니, 그것이 원초적인 사랑인 거예요. 그런데 욕망은 이기적이에요. 자신의 결핍을 채우기 위한 것이거든요. 욕망은 무언가를 추구하고 쟁취하는 원동력이 되기도 하지만, 과한 욕망은 다른 사람에게 불행을 안기기도 합니다. 다수가 한정된 무언가를 욕망할수록 경쟁은 치열해지지요. 역설적이지만, 사랑의 신 에로스는 결국 다툼과 미움, 혐오의 원인이 되버리는 거예요.

지금까지 이야기는 기원전 8세기에 살았던 헤시오도스라는 시인의 노래예요.

그로부터 약 200~300년이 흐른 뒤에 엠페도클레스라는 현자가 나타났습니다. 그는 신화로 세상을 설명하는 것에서 벗어나려고 했어요. 세상을 구성하는 근본적인 네 가지 원소는 물, 불, 공기, 흙인데, 그것들은 모두 신이 아니라 물질이라고 생각했지요. 그는 세상에 대해 새로운 질문을 던졌던 거예요. 세상을 신화로 설명하는 사람들은 "누가 세상을 만들었을까?" "누가 세상을 움직이는가?"라고 물었는데, 그 물음에 매달리면 세상을 만들고 움직이는 '누군가'를 찾게 돼요. 그러다보면 세상을 만든 주체, 신들을 생각하게 되지요. 그래서 '누가?'라는 질문에 맞춰 세상만물을 이루는 기본 요소들인 공간도 질료도 에너지도 모두 신들이 되었던 거예요. 아니면 기독교의 유일신처럼 세상을 만든 조물주를 떠올릴 수밖에 없지요.

하지만 엠페도클레스는 질문을 바꿨어요. "세상은 무엇으로 이

살바토르 로사, 「엠페도클레스의 죽음」, 1665~1670년, 캔버스에 유채, 135X99cm, 덜위치미술관

루어졌는가?" "세상은 어떤 원리로 움직이는가?" 이런 질문에 답하려고 노력하면, "누가"보다는 "무엇"과 "어떤 원리"라는 질문에 맞는 것을 떠올리게 되지요. 엠페도클레스는 질문을 바꿔 새롭게 던짐으로써 세상을 새롭게 바라볼 수 있는 길을 열어주었지요. 그는 세상을 이루는 '무엇'을 물, 불, 공기, 흙이라고 했어요. 그렇게 해서 사람들에게 대지의 여신 가이아가 아니라 그냥 흙을 생각하게 했고, 바다의 신, 강의 신, 샘물의 요정 대신 그냥 물을, 하늘의 신, 천공의 신이 아니라 공기를, 태양의 신, 달의 신, 별의 신이 아니라 불을 가지고 세상을 설명할 수 있게 해준 거예요.

세상을 움직이는 원리도 사랑의 신 에로스로 설명하려고 했던 신화에서 벗어나 친애(philotes)와 혐오(neikos)라는 개념으로 이야기해요. 에로스가 결핍과 고통, 갈망을 전제한 에너지이기 때문에 그 자체에서 이기적인 욕망과 타인에 대한 혐오와 공격으로 이어지는 복합적이고, 역설적이며 모순적인 '신'인데 반해, 엠페도클레스는 에로스에게 있는 부정적인 요소들을 솎아내서 '네이코스'(혐오)라는 개념으로 독립시키고, 우리가 사랑이라 부를 수 있는 순정하고 긍정적인 힘만을 따로 '필로테스'(친애)라고 불렀어요. 물론 친애와 혐오가 물리적인 개념이 아니라 사람이나 신이 갖는 감정을 표현하는 것이어서 문학적인 성격을 가지고 있지만, 신화적인 상상력에서는 많이 벗어난 건 사실이지요.

친애가 물질들이 서로 조화를 이루며 결합하여 무엇인가를 만들어내는 생성의 힘과 원리라면, 혐오는 물질들이 서로 부딪히게 하고 결합된 것은 서로 갈라서게 만드는 파괴적인 힘과 원리라고 할 수 있어요. 예를 들면, 늙고 병드는 것도 어찌 보면 우리 몸을 구성하는 요소들이 서로 버성기며 갈라지고 외부의 이질적인 것들이 들어서서 우리를 공격하기 때문인데, 이 모두가 일종의 혐오의 현상이라고 할 수 있지요.

반면 음식이나 약이 내 몸에 들어와 잘 소화되면 건강해지는데, 이것은 일종의 친애(philotes)의 현상이라고 할 수 있어요. 이 말은 친구를 뜻하는 '필로스'(philos)와 통해요. 모든 구성원들이 서로 배려하고 아껴주고 사랑하는 친구가 된다면, 아름답고 행복한 공동체가 이루어질 거예요. 반면 서로 혐오한다면, 공동체는 약해지고 병들며, 결국 파괴되고 말겠지요.

연민과 공포,
그리스 비극 관람은 나를 죽이는 시간

봄이 되면 아테네에서는 큰 축제가 열렸습니다. 지금으로 말하면 3월이나 4월경일 거예요. 아테네에서는 아르테미스를 기리며 본격적으로 사냥이 시작됨을 알리는 '에라페볼리온' 달이라 불렀어요. "사슴을 쏘아 맞히는 달"이라는 뜻이죠. 봄은 사냥의 달이면서 또한 농사가 시작되는 계절이기도 합니다. 그러니 농사를 주관하는 신들에게 제사를 지냈던 것이죠.

　아테네 사람들은 신 앞에서 성실히 일할 것을 다짐하고 풍요를 기원했습니다. 그 제사의 주신은 디오뉘소스였어요. 디오뉘소스는 포도주의 신으로 알려져 있는데, 원래는 포도주의 원료가 되는 포도의 신이고, 포도 농사를 관장하는 생산의 신입니다.

사람들이 염소를 잡아서 제물로 올리면 제사장이 나서서 의식을 시작했습니다. 그러면 합창단이 뒤에 빙 둘러서서 노래를 불렀어요. 이것이 바로 비극의 어원인 '트라고디아(tragodia)'입니다. 비극이라고 하면 보통 희극과 대조되는 의미의 새드엔딩 스토리를 생각합니다. 하지만 애초에 트라고디아는 제의적 합창이었습니다. '염소(tragos)'의 '노래(ode 또는 oide)', 그러니까 염소를 제물로 바칠 때 하는 노래였던 거예요.

이처럼 고대 그리스의 비극은 일종의 공적 행사로 시작되었습니다. 공동체의 일원들이 함께 열심히 일할 것을 결의하고 신에게 도움을 청하는 의미로 벌였던 퍼포먼스는 기원전 6세기에 아테네의 참주였던 페이시스트라토스의 개혁으로 획기적인 변화의 계기를 맞이하지요. 아테네 시내 한복판에서 모든 시민들이 모이는 대 디오뉘소스 제전을 열고 비극경연대회를 실시했는데, 그때 처음으로 테스피스라는 작가는 합창단에 배우를 도입했습니다. 순수한 합창(choros)에서 연극(drama)의 형식으로 변하게 된 겁니다. 그 이후 비극공연에는 배우들의 수가 하나에서 둘로, 둘에서 셋으로 늘어나게 되었지요. 그 배우들이 대사를 읊는 부분이 합창에 추가되고 대사와 합창이 번갈아가며 진행되는 형식으로 변하면서 연극으로서의 비극이라는 장르가 나왔지요. 이렇게 형식의 변화가 있었지만, 풍요를 기원하며 농사를 진지하게 준비하는 경건한 제의적 의식이라는 본질과 내용은 바뀌지 않았습니다. 비극공연을 본다는 것은 지금처럼 극장에 가서 연극을 관람하는 문화적 활동이 아니라, 디오뉘소스 신전을 찾아 종교적 제의에 참여하는 것을 의미했습니다.

아테네 사람들은 비극을 관람하는 극장을 짓기 위해 아크로폴리스 산비탈을 깎았습니다. 완성된 극장에 디오뉘소스의 이름을 붙였지요. 디오뉘소스 극장의 수용인원은 1만 8,000명 정도였어요. 2만 명 가까운 사람들이 들어갈 수 있었던 거예요.

이 숫자는 무엇을 의미할까요? 대략적으로 따져서 아테네 전체 인구가 약 10만 명이었다고 잡아볼 수 있습니다. 인구 중 노예의 비중이 50퍼센트였대요. 노예를 빼면 약 5만 명쯤 남겠지요. 그중 절반 정도는 여성이었을 겁니다. 당시 여성들은 시민으로 대접을 받지 못했기 때문에 공적인 행사에 참석할 수 없었습니다. 그 수를 제외하면 2만 5천 명이 남습니다. 여기에서 미성년자에 해당하는 인원까지 빼고 나면 남는 사람이 대략 2만 명이에요. 그 2만 명이 아테네 성인 남성으로서 정치적인 권리와 의무를 가진 시민들이었습니다. 결국 이런저런 사정이 있는 소수를 제외한 모든 시민이 디오뉘소스 극장에 들어갈 수 있었다는 거예요. 디오뉘소스 극장이 어떤 취지로 건설되었는지 알 수 있는 부분입니다.

아테네에서 비극은 문화를 즐기는 사람이 아닌 공동체 전원이 관람하는 것이었습니다. 다시 말씀드리지만, 비극은 오락거리가 아니라 제전이었고, 그 내용 또한 단순히 재미를 위한 것이 아니었

디오뉘소스 극장

어요. 국가의 제사라 함은 공동체의 염원을 담아 신에게 기도를 드리는 일입니다. 어느 종교에서나 기도는 경건한 것이에요. 신에게 막무가내로 무언가를 요구할 수는 없습니다. 신이 기도를 들어줄 만한 자격을 갖춘 사람이 되어야 해요. 그런 의미에서 기도는 항상 정화의식을 포함하고 있습니다. 자신의 잘못을 씻어내야 하는 거예요. 그런 종교적 정화 행위를 그리스 사람들은 '카타르시스'라고 불렀어요.

예를 들면 무속인은 기도를 드리기 전에 목욕을 해서 몸과 마음을 깨끗이 합니다. 교회에서도 기도를 시작할 때는 항상 자신의 잘못을 고백하고 용서를 구해요. '저의 죄를 사하여주시고'라는 내용 이후에 비로소 축복을 내려달라고 하잖아요. 고대 사회에서 제물을 바치는 행위는 신에게 드리는 선물인 동시에 죄 지은 자신을 대신하여 제물을 죽임으로써 죄를 씻는 일종의 정화의식이라고 할 수 있습니다. 제물은 나를 위해 대신 죽는 또 다른 나이고, 제물이 태워져 없어진다는 것은 죄로 물든 나를 죽이고 깨끗한 몸과 마음으로 거듭나는 것을 의미하지요. 비극 제전 또한 아테네인들이 자신들의 잘못을 고백하고 신 앞에서 올바르게 서기를 다짐하는 시간이었다고 볼 수 있어요. 한마디로 비극을 보는 시간은 나를 죽이는 시간입니다. 그렇게 나를 죽여 나를 깨끗하게 정화하고 새롭게 부활하는 시간입니다.

비극이 어떻게 진행되는지를 보면 종교적 정화의식임을 분명하게 알 수 있습니다. 먼저 무대 위에 배우가 등장하여 상황을 설명하는데, 대체로 도시가 재앙으로 더럽혀져 있음을 선언하지요. 구원이 시급한 상황입니다. 이와 같은 프롤로고스가 끝나면 합창단이 객석과 무대 가운데 둥글게 닦아놓은 마당으로 들어옵니다. 이 마당을 오르케스트라라고 해요. 흥미로운 건, 오르케스트라 한가운데에 제단이 있었습니다. 극장이 곧 신전이며 제사가 진행되는 예배당임을 알려주지요. 거기에 제물을 올려놓고 제사장의 집행에 따라 제사를 지내면서 합창단이 노래했을 모습을 그려보면 비극의 원초적인 의미를 이해할 수 있을 겁니다.

합창단이 등장해서 오르케스트라에 자리를 잡으면, 무대 위에 배우들이 등장합니다. 그리고 비극적 행위가 전개되지요. 고귀한 신분에 나름 고결한 도덕성을 가진 등장인물이 나와 사건에 휩싸입니다. 모든 사건의 전개는 합창단과 그 지휘자에 의해 주도되는 듯합니다. 이와 같은 연극의 퍼포먼스에 이전에 지냈던 제사의 과정이 녹아들어 있습니다. 무대는 곧 제단입니다. 주인공은 제단 위에서 불타고 죽어가는 제물처럼 고통에 휩싸여 죽어가는 연기를 합니다. 그들은 거친 욕망을 갖고 있어요. 그 욕망에 휩싸여서 광기에 가까운 행동을 하다가 뜻하지 않게 잘못을 저지르고 그 때문에 몰락하지요. 거의 모든 비극이 이런 구조입니다.

관객들은 무대 위에서 실수하고 몰락하며 고통 받는 등장인물에 몰입하며 일체감을 느끼지요. 사실 비극의 주인공들은 관객을 대신해 무대에 서 있는 인물이고, 그들이 갖고 있는 욕망은 비극을 보고 있는 한 사람 한 사람의 욕망이기도 합니다. 비극의 주인공들이 저지르는 잘못은 한 개인이 저지른 잘못의 극단적인 확대판이라고 할 수 있어요. 다르게 표현하면 비극의 모든 플롯이 한 사람의 일상 속에서 일어날 수 있는 작은 비극들인 거예요. 비극작가는 그것을 가장 전형적인 형태로 무대에 올립니다. 그러면 아테네 시민들은 비극을 보면서 자신의 욕망을 돌아보고 반성하는 시간을 갖게 되는 거지요. 등장인물들과 같이 고결한 의지를 갖고 있지만 동시에 치명적인 욕망을 함께 가지고 있고, 뜻하지 않은 상황에 직면해 그들과 함께 치명적인 실수를 저지르고, 함께 고통을 받으며 함께 죽는 겁니다. 그리고 극장을 나설 때, 그들은 이전의 자신을 죽이고 깨끗해져 새롭게 거듭난 마음이 됩니다. 이제 그들은 산뜻하고 홀가분한 마음으로 농사와 사냥에 임하고 풍요를 기대하며 넉넉해질 겁니다.

이아손과 메데이아가 보여주는 것

에우리피데스의 작품 『메데이아』는 대표적인 그리스 비극입니다. 본래 메데이아는 그리스 신화에 등장하는 마녀 같은 인물인데, 이아손이라는 남자의 마음을 얻기 위해 온갖 잔혹한 짓을 저지르지요. 하지만 에우리피데스는 그녀를 절대적인 악으로 규정하기보다는 잘못된 욕망으로 타인뿐만 아니라 자신마저 파멸시킨 인물로 묘사합니다. 이아손과 메데이아를 포함한 여러 인물들의 욕망이 충돌하면서 그들의 인생은 말 그대로 비극을 향해 치닫게 됩니다.

이아손은 그리스 중북부에 있었던 이올코스의 왕 아이손의 아들입니다. 하지만 아이손은 의붓동생인 펠리아스에게 왕위를 빼앗겼고, 아들인 이아손이 위험해질까 봐 케이론이라는 켄타우로스족 현자에게 보냅니다. 어쩔 수 없이 아들을 떠나보내며 아이손은 어떤 말을 했을까요? '너는 나중에 커서 내가 빼앗긴 자리를 반드시 되찾아야 한다. 이올코스의 왕이 될 사람은 너다. 펠리아스를 몰아내고 네가 왕위에 올라야 정의가 바로 설 것이다.' 아마 이런 이야기를 했을 거예요.

이아손은 자신이 누구인지, 어떻게 살아야 할지를 고민하기도 전에 막중한 임무를 부여받았어요. 펠리아스를 물리쳐 아버지의 복수를 하고 왕이 되는 것이 이아손의 사명이었습니다. 이아손은 그것이 자신의 운명이자 신이 맡긴 일이라고 생각했을 거예요. 그렇게 해야 한다고 믿었을 것이고, 그 때문에 어려서부터 어떻게 해야 삼촌을 몰아낼 수 있을까, 무엇을 해야 그런 능력을 갖출 수 있을까 고민하며 자랐을 것입니다. 자신이 무엇을 욕망하기도 전에 특정한 욕망을 강요받았다고 할 수 있겠지요.

메데이아는 흑해 연안에 있는 콜키스의 공주였습니다. 메데이아의 아버지 아이에테스는 헬리오스라는 태양신의 아들이에요. 그러니까 메데이아는 신의 혈통입니다. 그래서 마법과 같은 능력을 가지고 있었던 것이죠.

　성인이 된 이아손은 펠리아스를 찾아갔습니다. 펠리아스는 이아손에게 콜키스의 황금양털을 가지고 오면 왕위를 주겠다고 말해요. 이아손은 황금양털을 얻기 위해 콜키스로 가고, 메데이아는 이아손을 보자마자 한눈에 반합니다. 하지만 이아손은 황금양털을 얻는 데에만 정신이 팔려 있었습니다.

　황금양털은 콜키스의 왕 아이에테스가 굉장히 소중하게 여기는 수호성물이었습니다. 황금양털을 가지고 있는 한 콜키스는 어느 나라와 싸워도 패하지 않을 거라는 전설이 있었거든요. 그러니 왕 입장에서는 누구에게든 내어줄 리가 없지요. 상황을 파악한 메데이아는 이아손을 찾아가서 '황금양털을 갖게 해줄 테니 나를 아내로 맞이하고 당신의 나라로 데려가 달라'고 제안합니다. 이아손은 메데이아를 사랑하지 않았지만 그 제안을 받아들였습니다.

　두 사람이 황금양털을 가지고 도망가자 아이에테스는 군대를 끌고 추격합니다. 메데이아는 어린 동생을 꾀어 죽인 뒤 그 시체를 토막 내서 하나씩 하나씩 던졌어요. 그러면 아이에테스가 아들의 시신을 수습하느라 멈출 수밖에 없을 테니까요. 예상은 적중했고, 이아손과 메데이아는 아이에테스의 추격을 따돌리고 무사히 이올코스에 도착했습니다.

그런데 펠리아스는 황금양털을 보고도 왕위에서 물러나지 않고 미적거리기만 했어요. 결국 메데이아는 펠리아스마저 처리해버립니다. 그 방법도 굉장히 잔인해요. 펠리아스의 딸들 앞에서 늙은 양을 토막 내어 끓는 물에 집어넣었다가 새끼 양을 꺼내는 신기한 마술을 보여준 거예요. 그러면서 너희들의 아버지도 다시 젊고 건강해질 수 있다고 현혹했습니다. 펠리아스의 딸들은 아버지의 토막 난 시체를 가져왔지만 메데이아가 그걸 되살릴 리가 없지요.

이아손은 메데이아를 끔찍하게 여겼지만 메데이아의 행동을 방관합니다. 자기 손에 피를 묻히지 않고 삼촌을 제거할 수 있으니까요. 그의 목표는 오로지 왕이 되는 것이었어요. 어렸을 적부터 주입된 욕망, 권력에 대한 의지가 그를 그렇게 지배하고 움직이게 한 것입니다. 그에게는 권력이 이 세상에서 가장 중요한 가치였습니다. 그런 점에서 메데이아도 이아손과 크게 다르지 않습니다. 그녀의 목표는 남편을 곁에 두는 것이었지요. 그러기 위해 아버지와 조국을 배신하고, 어린 동생과 펠리아스를 살해했어요. 그녀에게 사랑은 이 세상에서 가장 중요한 가치였습니다. 그런데 불행의 씨앗은 두 사람이 상대와의 관계에서 '내가 얻을 것'만 생각했다는 거예요. 이아손은 권력을, 메데이아는 사랑을 이 세상에서 가장 중요한 가치로 여기며 그것을 위해 모든 것을 했던 겁니다. 상대에 대한 진심 어린 배려는 없었지요. 메데이아는 사랑을 얻기 위해 이아손의 권력욕을 이용했고, 이아손은 권력을 얻기 위해 메데이아의 사랑(소유욕)을 이용했던 겁니다. 두 사람의 욕망은 에로스의 일그러진 양상이라 할 수 있지요.

하지만 이아손은 끝내 왕이 되지 못합니다. 메데이아가 저지른 일을 알게 된 이올코스 사람들이 두 사람을 비난하며 쫓아냈기 때문입니다. 이아손과 메데이아가 간 곳은 코린토스였습니다. 코린토스의 왕 크레온은 이아손이 썩 마음에 들었는지 글라오케라는 딸을 주겠노라고 말합니다. 부인도 있고 아이들도 있으니 안 된다고 거절해야 하는데, 이아손이 어떤 사람입니까? 권력을 잡고 훗날 왕이 될 수 있는 그 기회를 놓칠 리가 없지요. 결국 이아손은 메데이아에게 이혼 얘기를 꺼냅니다.

이전까지는 두 사람의 욕망이 어느 정도 맞아 떨어졌어요. 사이가 좋고 나쁨을 떠나서 함께함으로써 각자의 욕망을 채울 수가 있었거든요. 그런데 이아손이 떠나버리면 그 관계가 깨지는 거예요. 욕망의 충돌이 일어나는 거지요. 결국 메데이아는 크레온과 글라오케, 그리고 이아손과 결혼해서 낳은 두 아들마저 모두 죽이고 이아손만 남깁니다. 이아손에게 할 수 있는 한 가장 큰 고통을 주기 위한 방법이었습니다. 두 사람은 그렇게 모든 것을 잃고 말았습니다. 이기적인 욕망의 극단이 불러온 파국이었지요.

2만 명에 가까운 아테네 시민들은 정기적으로 이런 비극을 보았습니다. 그러면서 인간관계에 있어 욕망을 조율하는 일이 얼마나 중요한지 깨우쳤을 거예요. 에로스의 파괴성과 함께 남을 나의 친구로 여기는 친애의 정신이 함께 살아감에서, 함께 이루는 공동체를 위해서 얼마나 소중한 것인지를 느꼈을 겁니다. 이런 면에서 비극 제전은 문화행사나 종교행사를 넘어서, 공동체를 잘 지속하기 위한 메시지를 아주 적극적이고 직접적으로 전달하는 국가적인 정치와 교육의 행사였다고 볼 수 있습니다.

억압된 욕망을 달래는 슬기로운 완충기

아테네에서 차를 타고 북서쪽으로 30분 정도 가면 엘레우시스라는 도시가 있습니다. 신화에 따르면 엘레우시스에는 이승과 저승을 연결하는 문이 있었다고 해요. 거기에 얽힌 이야기는 꽤 유명합니다.

대지의 여신 데메테르에게는 페르세포네라는 딸이 있었어요. 그런데 어느 날 페르세포네가 사라집니다. 페르세포네에게 반한 하데스가 자신이 사는 저승으로 납치했던 것이죠. 그 사실을 모르고 있던 데메테르는 아무 일도 하지 않은 채 딸을 찾아다녔습니다. 그 결과 땅은 메마르고 식물들은 죽어갔습니다. 곡식도 열매도 제대로 맺히지 않으니 사람들은 먹을 게 없어 배고픔에 시달렸지요.

온 세상이 폐허처럼 되어버렸고, 신에게 바칠 제물조차 없게 되었죠. 그대로 두었다가는 큰일 나겠다는 생각이 들었는지, 제우스는 하데스와 데메테르 사이를 중재하기 위해 나섭니다. 제우스가 내놓은 제안에 따라 페르세포네는 일 년 중 절반은 지하에서 남편인 하데스와 함께, 나머지 절반은 지상에서 어머니인 데메테르와 함께 살게 되었습니다.

딸이 지상으로 올라올 때면 데메테르는 무척 기뻐했습니다. 땅에는 싹이 트고 꽃이 만발하며 모든 것이 풍성하게 자랐어요. 그러다가 페르세포네가 하데스에게 가고 나면 데메테르는 우울해지고 대지는 불모의 땅이 되었습니다. 고대 그리스인들은 데메테르와 페르세포네의 만남과 헤어짐으로 계절의 변화를 설명했던 것이지요.

그때 페르세포네가 오가는 문이 있었다던 엘레우시스에서는 일 년에 두 번 큰 축제가 열렸습니다. 페르세포네가 오는 시기와 가는 시기를 따져보면 본격적으로 일을 시작하기 직전, 그리고 일을 다 끝난 다음이거든요. 아테네 사람들은 그때마다 데메테르 신전에서 비밀스런 의식을 거행했다고 해요.

고대 그리스에는 축제가 참 많았어요. 신들의 역할이 저마다 다르니까 그들을 섬긴다는 이유로 이런저런 행사를 열었던 거예요. 그러면서 각각의 신들이 관장하는 분야에 있는 사람들에게 휴식과 격려의 시간을 주었습니다.

예를 들어, 디오뉘소스 제전이 시작되는 날이면 시민들은 황소

수십 마리를 잡아서 나눠 먹었습니다. 신의 선물이라면서 술도 양껏 마셨어요. 다들 술에 취하니까 여기저기 난장판이 되는데, 그날만큼은 문제를 삼지 않았습니다. 그런 식으로 한바탕 스트레스를 푸는 거예요. 대신 끝나면 모두들 조용히 일상으로 돌아갔습니다.

시민에 속하는 남성들은 비극 제전을 비롯해 다양한 행사에 참여할 수 있었지만 여성이나 노예, 외국인들은 그렇지 못했잖아요. 그들도 역시 일 년에 한두 번씩은 그런 기회를 가졌습니다. 여자들만의 밀교의식에는 남자들이 절대 참여할 수 없었어요. 노예들도 그런 시간을 가졌는데, 그때만큼은 아무에게도 간섭을 받지 않았어요. 노예의 신분이지만 누구도 그들만의 시간을 방해할 수 없었던 거예요.

우리나라에서도 여름에 록 페스티벌이 열리면 많은 사람들이 가서 마구 소리 지르고 뛰고 그러잖아요? 예전에 어느 방송에서 그곳에 있는 사람들을 인터뷰했는데, 그중 한 사람이 이렇게 얘기하더라고요. 며칠 동안의 일탈로 일 년을 살 수 있는 힘을 얻는다고요. 어떻게 보면 고대 그리스에서는 그런 행동을 국가적으로 용인해주고 지원해줬다고 볼 수 있습니다. 비극이 아테네 시민들에게 욕망의 절제라는 메시지를 던졌다면, 축제는 일정 시기마다 각계각층의 욕망을 분출시켜주었던 거예요. 이것이 사회 갈등을 해소해나가기 위한 그들만의 방식이었습니다. 에로스 신이 사람들 가슴속에 불러일으키는 욕망은 생산을 위한 힘찬 원동력이지만, 충족되지 못하고 억압되면 갈등과 혐오의 씨앗이 되지요. 축제는 억압된 욕망을 달래는 슬기로운 완충기였던 셈입니다.

이기적인 욕망에서 화합으로 이르는 길

고대 그리스의 축제 중 하나였던 올림픽은 오늘날 최대 규모의 국제 대회가 되었습니다. 그때는 '올림피아 제전'으로 불렸습니다. 4년에 한 번씩 전 세계의 관심이 올림픽에 집중되는데요. 처음 생겨났을 당시에도 올림픽은 고대 그리스에서 가장 큰 스포츠 제전이었어요.

올림피아 제전은 정치적 성격을 띠고 있어요. 그리스에는 무려 700여 개가 넘는 폴리스들이 있었습니다. 폴리스들은 서로 경쟁하면서 발전하거나 쇠퇴했고, 갖가지 이유로 충돌했습니다. 그 때문에 그리스 땅에는 크고 작은 전쟁이 끊이질 않았어요. 그러다 보니 좀 자중해야겠다는 생각이 들었나 봐요. 어떻게 하면 전쟁을 잠시라도 멈출 수 있을까 고민했겠지요. 그래서 다 같이 모여 제우스 신을 위한 축제를 열기로 했습니다. 운동경기로 경쟁하며 신을 즐겁게 하자는 의견에 모든 폴리스들이 동의하면서 올림피아 제전이 성황을 이루게 된 것이죠.

올림피아 제전은 그리스인들에게 무척 중요한 행사였습니다. 심지어 제전이 시작되기 전부터 축제가 거행되고 선수들과 관중이 각자의 도시로 돌아갈 때까지는 일정기간 전쟁도 멈춰야 했어요. 그걸 어기는 폴리스가 있으면 한동안 올림피아 제전에 참여할 수 없었고 정치적으로 어려움을 겪어야 했어요. 이런 약속은 그리스 전체가 아테네와 스파르타를 중심으로 양분되어 펠레폰네소스 전쟁을 치르는 기간 동안에도 지켜졌다고 해요. 정말 놀라운 일이지요.

그런데 올림피아 제전을 기다리는 4년이 너무 길게 느껴졌나 봐요. 그리스 사람들은 피티아 제전이라는 걸 또 만들었습니다. 피티아 제전도 4년에 한 번 올림피아 제전 중간에 아폴론 신전이 있는 델피에서 열렸어요. 그러니까 2년마다 모든 폴리스가 참여하는 스포츠 행사가 열렸던 것이죠. 그것도 부족했는지 중간에 네메이아와 이스트미아라는 두 개의 제전이 더 생깁니다. 올림피아 제전의 주신이 제우스인 것처럼, 피티아는 아폴론, 네메이아와 이스티미아는 헤라클레스와 포세이돈을 각각 주신으로 삼은 제전이었습니다. 한마디로 신적인 권위가 부여된 제전이라고 할 수 있어요. 어느 폴리스든 제전을 함부로 무시할 수 없었어요. 이렇게 되니까 매년 두세 달은 전쟁을 할 수 없었고, 어떤 전쟁은 그로 인해 아예 중단되기도 했습니다. 일단 모여서 놀고 난 뒤, 전쟁을 하더라도 하자, 뭐 이런 흥미로운 약속이 지켜졌던 거죠.

전 그리스적인 스포츠 제전이 열릴 때마다 폴리스들은 공동체 의식을 느꼈을 거예요. 각각 흩어져 독립적인 도시국가로 존재하지만 사실은 같은 언어와 종교를 가진 민족이라는 생각을 갖게 되는 것이지요. 그런 생각을 가졌으니 그렇게 모일 수 있었던 것도 있겠고요. 올림피아 제전이 기원전 776년에 처음 열렸고, 그리스가 로마에 정복된 이후에도 지속되었다가 나중에 기독교가 로마의 종교가 되면서 서기 393년 테오도시우스 황제에 의해 금지될 때까지 계속되었다고 하니까, 그리스 사람들은 수백 년간 그런 축제를 해오면서 그리스가 하나라는 의식을 공고히 했어요. 이것은 그리스 외부에서 위기가 닥칠 때마다 폴리스들이 연합할 수 있는 바탕이 되었습니다. 나중에 로마인들이 함께 참여하면서는 또 다른 정치적 함의도 갖게 되긴 했지만요.

어쨌든 중요한 것은 올림피아 제전이 모든 그리스인들이 한자리

올림피아 제우스 신전

에 함께 모이는 '범그리스 축제'(Panhellenic festival)였다는 점입니다. 그것은 각기 흩어져 지내며 욕망의 충돌로 혐오와 갈등, 전쟁을 겪으며 고통 받던 그리스 사람들을 하나로 묶어주고, 끝내 친구임을 확인하며 친애의 감정을 고양했으니까요. 그 힘은 페르시아의 침략 때 극적으로 발휘되었습니다.

기원전 490년 엄청나게 큰 제국으로 발전한 페르시아가 쳐들어

왔을 때, 많은 폴리스들이 무너졌습니다. 아테네는 다른 폴리스 중 하나인 플라타이아이와 힘을 합해 페르시아를 겨우 막아내요. 이것이 바로 유명한 마라톤 전투입니다. 그로부터 10년 뒤, 아버지의 한을 씻겠다며 페르시아의 크세르크세스 1세가 다시 그리스를 침략하는데, 이때는 아테네와 스파르타가 함께 페르시아를 물리칩니다. 이때 작동했던 힘은 모든 폴리스들이 참여한 축제에서 축적된 것이었습니다.

그런데 페르시아 전쟁이 끝난 뒤 아테네와 스파르타는 누가 그리스의 패권을 장악할 것인가를 놓고 대립하게 됩니다. 군사적으로나 경제적으로 무섭게 성장하는 아테네와 그걸 경계한 스파르타의 갈등이 심해진 것이죠. 결국 펠로폰네소스 전쟁이 일어났습니다. 침략했을 때는 함께 힘을 합쳐 싸우던 두 도시가, 물러나니 서로 싸우는 것을 페르시아는 매우 흥미롭게 바라보고 있었습니다. 아, 요것들 봐라, 했겠지요. 비밀리에 두 개의 외교 통로를 만들어놓고 양쪽을 교묘하게 교차로 지원하면서 싸움을 부추겼어요. 전쟁이 지속되던 기간에는 물론, 스파르타의 승리로 전쟁이 끝난 후에도 페르시아의 정치, 외교, 군사적 농간은 계속되었고, 그리스의 폴리스들 사이에서의 갈등과 반목은 그치지 않고 점점 더 또 다른 전쟁을 향해 치닫는 것 같았습니다.

그러자 내부에서 자성의 목소리가 이어졌습니다. 저명한 소피스트 고르기아스나 법정 연설가로 유명했던 뤼시아스, 수사학 교육으로 최고의 명성을 자랑했던 이소크라테스 등은 그리스의 통합을 주장했어요. 왜 우리끼리 싸우면서 외부의 페르시아에게 농락당하느냐며 안타까움을 비판으로 표현하였고, 적극적으로 대안을 제시했지요.

그들은 어디에서 그리스인들에게 호소했을까요? 바로 올림피아 제전에서였습니다. 기원전 380년 100번째 올림피아 제전이 열렸을 때, 이소크라테스는 그리스 각지에서 스타디움에 모인 사람들을 향해 외쳤습니다. 그리스인들끼리 왜 싸우냐고, 우리가 싸우는 동안 페르시아는 침략의 칼날을 갈고 있다고. 그러면서 촉구했습니다. "그리스인들은 모두 한마음 한뜻으로 뭉칩시다. 그리고 그 힘으로 페르시아를 칩시다." 이를 '범그리스주의'(Panhellenism)이라고 부릅니다. 그리스인들은 환호했지만, 동시에 의구심과 두려움이 동시에 생겼지요. '그래, 맞아. 우리끼리 싸우면 좋을 게 없어. 하나로 뭉친다면 좋지. 그런데 우리가 힘을 모아서 페르시아를 친다고? 그건 말이 안 돼. 우리가 어떻게 거대한 페르시아를 친단 말인가?'

이와 같은 합리적 의구심을 떨쳐내기 위해 이소크라테스는 어떤 논리를 펼쳤을까요? 그는 자신의 제안이 충분히 성공 가능한 것임을 뒷받침하기 위해 신화를 끌어들였습니다. 그는 트로이아 전쟁을 언급하면서 '옛날에 우리의 조상들은 트로이아 전쟁을 일으켰습니다. 트로이아의 왕자가 그리스로 넘어와 스파르타의 여인 헬레네를 납치해 갔을 때 우리 연합군을 형성해서 트로이아를 정복하지 않았습니까? 우리도 조상들처럼 힘을 모아 페르시아로 간다면 반드시 승리할 것입니다.'라고 이야기합니다. 페르시아 원정은 제2의 트로이아 전쟁이라는 거예요. '페르시아 원정'은 승리가 불확실한 모험처럼 들리지만, '제2의 트로이아 전쟁'이라고 말하면 승리가 보장된 것처럼 들리지요.

그리스 사람들은 트로이아 전쟁이 역사가 아닌 허구에 불과했고, 당시 영웅들의 활약상은 신비로운 전설이라고 생각했습니다. 하지만 그 신화와 전설을 그들이 직면한 당대의 문제로 끌고 오니, 역사와 실제로 되살아났던 겁니다. 마치 고려가 몽고의 침략을 받았을 때, 조선이 일제의 침략에 무너지고 압제를 받고 있을 때, 단군신화가 우리의 정체성을 다시 살려주면서 역사의 일부로 작동하고 저항과 독립, 해방의 힘을 불어넣어주었던 것처럼 말이지요. 올림피아 평원에 모였던 수많은 사람들이 이소크라테스의 이야기에 귀를 기울이기 시작했습니다. 합리적으로 말하면 먹히지 않았을 법한 제안이 신화를 끌어오니 통했던 거예요. 그리고 실제로 그 일을 해낸 사람이 나타났으니, 대제국을 건설했던 알렉산드로스 대왕입니다.

이야기를 공유한다는 것의 의미

이소크라테스는 열정이 대단한 사람이었습니다. 올림피아 제전에서 56세의 나이로 처음 목소리를 낸 이후, 기원전 338년 98세에 세상을 떠날 때까지 자신의 일을 멈추지 않았으니까요. 당시 마케도니아가 급부상하고 있었는데, 이소크라테스의 눈에 마케도니아의 왕인 필리포스 2세와 그의 아들 알렉산드로스 3세가 자신의 이상을 실현시켜줄 만한 인물로 보였나 봐요. 이소크라테스는 필리포스를 찬양하며 독려하는 글을 모아서 보내기도 하고, 어린 알렉산드로스에게 편지를 쓰기도 했습니다. 그리스를 통합하고 페르시아를 정복해야 할 시대적 사명을 감당할 수 있는 적임자가 바로 당신이라는 내용의 편지였습니다. 우리는 이길 수 있으며, 필리포스 당신은 트로이아 전쟁의 총사령관이었던 아가멤논과 같은 사람이 될 거라는 식으로 이야기했어요. 안 그래도 야망이 컸던 필리포스는 더욱 힘을 얻어 페르시아 원정을 준비했습니다. 그런데 얼마 뒤 호위병에게 암살을 당하자, 스무 살의 나이에 왕위에 오른 알렉산드로스가 아버지의 유업을 이어받아 동방 정복에 나서게 되지요.

알렉산드로스는 지금의 터키 서해안 이오니아 지방을 차례로 정복한 뒤 아프리카 이집트까지 내려갔고, 인도의 서쪽까지 진출했습니다. 그렇게 승승장구 할 수 있었던 힘의 원천은 두 가지였는데 모두 신화에 바탕을 두고 있었어요. 알렉산드로스는 어릴 때부터 그리스의 다른 아이들처럼 『일리아스』를 읽으며 자랐습니다. 그러면서 아킬레우스 같은 영웅이 되고자 했지요. 그리스를 통합하고 페르시아를 정복한다면 아킬레우스를 비롯한 트로이아 전쟁의 영웅들보다도 더 큰 이름을 떨치게 되리라는 희망에 가슴이 한껏 부풀어올랐지요.

제우스신이 가호하는 그리스의 문명을 전 세계로 전파하겠다는 이념으로 무장한 알렉산드로스는 페르시아 원정을 통해 자신을 영웅화하고 신격화합니다. 자신의 아버지는 헤라클레스의 후예이고 어머니는 아킬레우스의 후손이며 그걸 증명할 만한 족보가 있다고 말을 해요. 아킬레우스는 트로이아 전쟁의 승리를 이끈 사람이고, 헤라클레스는 그보다 이전에 트로이아를 정복한 적이 있어요. 그러니까 그 두 영웅을 자기 혈통에 끌어온 거예요.

알렉산드로스의 태몽 이야기도 유명합니다. 알렉산드로스의 어머니 올림피아스가 꿈을 꿨는데 번개가 올림피아스의 배를 때렸대요. 번개를 맞은 배에서 불이 났는데 그 불이 전 세계로 퍼져나갔다고 합니다. 알렉산드로스가 번개의 신인 제우스의 아들이며 불길이 번져나가듯 세계를 정복할 거라는 뜻을 담고 있는 꿈이라는 거지요. 이 이야기가 전해졌다는 건 알렉산드로스가 그걸 퍼뜨렸다는 뜻이에요.

우리에게는 허무맹랑하게 들리는 이야기지만 당시에는 이게 굉장히 효과적이었어요. 알렉산드로스가 페르시아로 떠날 때 군사들의 숫자는 5만 명 정도에 불과했습니다. 페르시아에는 백만 대군이 있다는데 부하들이 얼마나 무서웠겠어요. 질 것 같고, 죽을 게 뻔하다는 생각에 벌벌 떨었겠지요. 이길 수 있다고 아무리 설명해도 귀에 들어가지 않았을 거예요. 그때 알렉산드로스는 신화를 이용했습니다. '내가 제우스의 아들이고 트로이아를 정복했던 헤라클레스와 아킬레우스의 후손이므로 우리는 신의 가호를 받아 이 전쟁에서 승리할 것이다.' 이 말에 군사들의 사기가 올라갔던 거지요.

알렉산드로스는 정복지에도 자신의 신화적 이미지를 심어놓았습니다. 그러니까 사람들이 알렉산드로스를 정복자라고만 생각하지 않고 자신들의 원래 왕보다 더 존경할 만한 인물로 섬겼어요. 즉 페르시아 제국의 압제에서 자신들을 구하고 그리스적 문명과 자유를 가져다주는 해방자로 본 거죠. 5만의 군사만 데리고 출발했음에도 계속해서 정복지를 늘려가며 사방으로 뻗어나갈 수 있었던 이유가 여기에 있습니다. 이미 정복한 지역 사람들이 알렉산드로스를 따르고 용병이 되어 전쟁에 참여했던 거예요. 그런 지지를 얻었으니 당연히 보급 문제도 해결이 되었습니다. 어떻게 보면 알렉산드로스의 거침없는 정복활동이 가능했던 배경에 그리스 신화가 있었던 거예요. 신화가 사람들의 통합을 이끌어낸 방식이 참 놀랍고 흥미롭지요.

유럽연맹이 만들어질 무렵 유럽에서는 왜 서로 다른 국가인 우리들이 하나로 묶여야 하는지 그 이유를 찾기 위해 신화를 연구하는 게 한동안 붐이었다고 합니다. 그만큼 이야기를 공유한다는 것에는 표면적인 뜻을 넘어서는 의미가 담겨 있는 것 같아요. 사람들이 하나의 이야기를 공유하고 거기에 신념이 더해지면 그 공동체는 잘 흔들리지 않거든요. 이야기를 함께 읽고, 듣고, 말하고, 계속 전승하면서 우리는 이야기를 매개로 세상을 바라봅니다. 한 사람 안에 누적된 이야기는 곧 그 사람의 세계가 됩니다. 이야기를 공유한다는 건 결국 같은 세계를 가진다는 것입니다. 물리적으로 떨어져 있는 사람들도 가까이 묶어주는 힘이 되지요. 그리스인들에게는 신화가 그러했고, 이런 방식은 로마인들에게 그대로 전이됩니다. 유대인들의 경우에는 성서가 그런 역할을 해오고 있지요. 그리스 신화는 이제 종교로서의 힘을 잃어버렸지만 문화적인 영향력은 여전히 이어지고 있습니다.

이제 우리는 이렇게 질문할 수 있을 것입니다. 우리는 어떤 이야기를 갖고 있는가? 우리를 하나로 묶어줄 수 있는 이야기는 무엇인가? 옆에 있는 사람을 그냥 타인으로만 생각하지 않고 한 공동체의 일원으로 여길 수 있게끔 해주는 이야기가 있는가?

안타깝게도 지금 우리 사회는 자본주의 신화와 획일적인 성공 신화에 갇혀 있는 것 같아요. 돈이 최고다, 직업이 좋아야 무시를 안 당한다, 너 놀 때 친구들은 공부한다, 그러다 남보다 뒤처진다, 저런 애랑 놀면 큰일난다... 우리는 알게 모르게 이런 말을 들으면서 자라거든요. 경쟁과 배제를 당연시하고 정당화하는 이야기들이에요. 이런 이야기들은 이기적 욕망을 부추기고, 모두가 자신만의 욕망을 향해 돌진하게 합니다. 욕망의 충돌은 점점 더 심해질 수밖에 없겠지요. 돈을 많이 벌어야 성공하는 것이고, 성공하기 위해서는 남을 이겨야 한다는 신화가 우리를 지배한다면 타인을 이해하고 서로 협력하는 일은 요원하기만 하겠지요.

우리에게도 우리만의 이야기가 있을 거예요. 아직 널리 알려지지 않은 신화와 전설이 있고, 일제강점기와 한국전쟁, 국제금융위기를 비롯한 위기의 역사가 있으며, 그 위기를 함께 극복했던 경험이 있거든요. 현재도 경제와 문화를 비롯해 여러 분야에서 우리는 많은 성취를 이루어가고 있습니다. 수많은 재난을 이겨내고 성공을 이루는 것은 단순히 기술과 제도로만 가능한 게 아니지요. 우리가 하나라는 믿음, 우리의 공동체를 지속시키고 발전시키기 위해서는 서로 배려하고 돕고 사랑하고 친애해야 한다는 이야기가 절실합니다.

꼭 듣기 좋고 자랑스러운 이야기만 있어야 하는 것은 아니에요. 예를 들어 친일파를 비롯해 일제 잔재가 제대로 청산되지 않았기 때문에 오늘날 사회 갈등이 더 심해진 것일 수도 있거든요. 그런 문제의식도 우리가 함께 가지고 있어야 하겠지요.

과거의 사건들을 그저 한때의 슬픔이나 기쁨으로 넘기는 대신 끊임없이 연구하고 해석하면서 현재를 조명하고 미래의 지표로 삼을 때, 진짜 우리의 이야기가 만들어집니다.

'나'와 '너'를 '우리'로 묶을 수 있다면 서로를 향한 공감과 이해, 배려와 존중도 자라날 거예요. 서로 다른 세대와 계급, 성별이나 사상을 가진 사람들도 이 사회 안에서 함께 조화를 이루며 살아가야 할 존재들입니다. 우리 사회의 모든 갈등이 개인이나 특정 집단의 이기적인 욕망을 위한 것이 아니라 결국에는 화합으로 가기 위한 과정이 되기를 기대해봅니다.

아홉 번째 문

잘 적응하려면
무엇을 공부해야 하는가?

고전과 인생의 상관관계

우리의 깨달음이나 답변이 꼭 완벽한 것은 아닐지도 모릅니다.
하지만 그것을 구하고 얻는 경험이 차곡차곡 쌓이는 동안
시야는 조금씩 넓어지고 지혜도 조금씩 깊어질 거예요.
저는 그러한 과정이 바로 성장의 기반이자 성장 그 자체라고 봅니다.
인간의 삶에서 성장은 완료형이 아니라 현재진행형으로 계속될 것입니다.

인생의 사용설명서를 펼치며

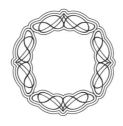

『일리아스』나 『오디세이아』 같은 고전을 공부하다 보면 문득 묘한 기분이 들 때가 있습니다. 수천 년 전에 고대 그리스에서 쓰인 글을 21세기 한국에 살고 있는 제가 읽고 있다는 사실이 새삼 신기한 것이죠. 이토록 긴 시간 동안 사라지지 않고 수많은 사람들에게 영향력을 발휘하는 이야기가 있다는 것이 경이롭게 느껴지기도 합니다.

누군가 고전의 가치에 대해 묻는다면 저는 이렇게 얘기합니다. '고전은 인생의 매뉴얼이다.'

청소기나 휴대폰 같은 기계를 사면 사용설명서가 포함되어 있습니다. 기능이 많은 제품일수록 사용설명서도 굉장히 복잡하고 길어요. 어떤 건 거의 책 한 권 두께더라고요. 그걸 처음부터 끝까지 다 읽는 사람은 별로 없을 거예요. 귀찮아서 대충 훑어보거나 그때그때 필요한 부분만 골라 읽는 경우가 많지요.

어떤 사람은 사용설명서를 아예 안 읽어요. 이전에 다른 기계를 썼던 경험을 바탕으로 이렇게 저렇게 써보면 어느 정도 사용법을 익힐 수 있거든요. 모르는 부분이 있으면 다른 사람한테 물어봐도 됩니다. 사실 그게 더 편해요. 설명서를 펼쳐서 필요한 부분을 찾고, 그걸 읽은 뒤에 적용시켜보는 번거로운 과정 없이 족집게 과외 받듯이 원하는 내용만 들을 수 있으니까요.

운이 좋으면 사용설명서가 없어도 기계를 잘 쓸 수 있어요. 그런데 실제로는 그 기계가 가진 기능의 절반도 활용하지 못하는 경우가 많습니다. 한참 쓴 스마트폰인데 뒤늦게 어떤 기능을 발견하고 '어? 이런 것도 있었어?' 할 때가 있잖아요. 반면에 사용설명서를 잘 읽으면 그 기계의 기능을 속속들이 알고 풍부하게 활용할 수 있습니다. 기계로부터 얻을 수 있는 혜택을 최대한 누릴 수 있고, 당연히 만족도도 높아지겠지요. 한마디로 기계를 풍부하게 사용할 수 있어요. 고전과 인생의 관계를 여기에 비유할 수 있을 것 같습니다.

어느 시대에나 깊고 예리한 통찰을 지닌 현자들이 있습니다. 그런 사람들이 남긴 기록은 당대 사람들에게 큰 충격이나 감동을 주는데요. 때로는 논란이 되기도 하지만 시간이 지나면 제대로 된 평가를 받게 되지요. 그중에서도 특별히 많은 사람들에게 널리 읽히며 시간이 지나도 그 가치를 인정받는 작품을 '고전'이라고 합니다.

고전도 기계의 사용설명서처럼 어렵고 재미가 없는 것들이 많아요. 어떤 고전은 내용이 너무 방대해서 이게 전부 다 쓸모가 있나 싶기도 합니다. 도대체 왜 이런 것까지 알아야 하는 걸까? 내가 이런 걸 써먹을 일이 있을까? 이런 생각이 들 수도 있습니다. 그런데 우리의 앞날이 항상 평범하거나 평탄하지는 않아요. 때로는 절대 일어나지 않을 것 같았던 일들이 일어나고, 전혀 예상하지 못 했던 문제를 만나기도 합니다. 그럴 때면 누구든 막막할 거예요.

요즘 유행하는 말 중에 '인생 2회 차'라는 게 있어요. 어떤 상황에서든 빠르게 적응하고 능숙하게 대처하는 사람에게 이미 한 번 살아본 거 아니냐는 뜻으로 하는 농담인데, 사실 그런 사람은 흔하지 않잖아요. 그보다 훨씬 많은 사람들이 인생에서 길을 잃기도 하고 오랜 시간 헤매기도 해요. 저도 마찬가지였습니다.

인간은 한 번밖에 살 수 없습니다. 그런 만큼 최대한 시행착오를 줄이려 하고, 후회 없는 선택을 하기 위해 애씁니다. 그래서 나와 비슷한 일을 먼저 겪은 사람들에게서 힌트를 얻으려 해요. 누군가를 멘토로 삼아서 그 사람의 이야기를 듣기도 하고, 친한 선배나 친구에게 조언을 구하기도 합니다. 기계를 쓰다가 모르는 게 생겼을 때처럼 말이지요.

그런데 고전이야말로 내가 아직 겪어보지 못했던 문제를 먼저 경험한 사람의 이야기, 그것도 엄청나게 많은 사람들의 이야기가 담겨 있거든요? 한 번뿐인 인생을 살면서 자의든 타의든 여러 질문에 부딪히고 그 답을 찾아야 할 때, 가장 유력한 답을 제시해주는 것 중 하나가 고전인 것 같아요. 우리와 같은 고민을 우리보다 앞서서 했던 이들이 남긴 이야기를 읽고 삶의 지혜를 얻을 수 있다면 인생을 풍부하게 살아가는 데 도움이 될 것입니다. 그런 의미에서 고전은 분명 만족스럽고 행복한 인생을 위한 매뉴얼이라고 할 수 있습니다.

오래된 것이 아니라 최고인 것

냉정하게 따져보면 고전은 오래 전에 이미 죽어버린 사람들의 이야기예요. '고'자가 '옛 고'잖아요. 우리의 문제를 전혀 겪지 못한 사람들의 기록이란 말이지요. 그런 기록이 우리 문제에 유용할까, 의문이 생기지요. 어쩌면 그들이 살던 시대의 상황이나 조건이 지금과는 너무도 달라서 그 이야기를 지금 여기로 끌고 오면 맞지 않을 수도 있어요. 차라리 어려운 고전 따위를 잡고 끙끙댈 시간에, 그 책 딱 접고 지금 우리 시대의 상황을 분석하는 따끈따끈한 이론들이나 앞으로 유망할 기술이나 정보를 읽는 것이 훨씬 유용하지 않을까요?

고전을 연구하는 저도 이런 질문을 계속 던집니다. 앞으로도 저는 계속 물을 거예요. 고전의 가치는 무엇인가? 지나간 시대와 먼 곳의 이야기를 꼭 읽어야 하고, 가르쳐야 하는가? 이런 의문이 생기는 이유 중에 하나는 '고전'이라는 말 때문이기도 한 것 같아요. '옛 고'자 때문에 오래 돼서 고리타분하고 캐캐 묵은 냄새가 풍기는 것 같거든요. 하지만 번역을 넘어서 원어로 가서 뜻을 새기면 다른 느낌이 날 수 있어요.

고전은 영어로 클래식(classic)이라고 합니다. 클래식은 라틴어 클라시쿠스(classicus)라는 말에서 유래했어요. 클라시쿠스는 '클라시스(classis)'와 '쿠스(cus)'가 결합된 말인데, 이중 쿠스는 '~한 사람'이라고 해석할 수 있습니다. 영어에서도 동사 뒤에 'er'이 붙으면 그 동사에 해당하는 일을 하는 사람을 뜻하는 단어가 되잖아요. 그런 역할을 하는 말이라고 보면 됩니다.

쿠스 앞에 있는 클라시스라는 말은 원래 '무리' 혹은 '계급'을 뜻하는 말이었습니다. 예를 들어 노예, 평민, 기사, 귀족 계급이 있다면 그 각각의 계급이 모두 하나의 클라시스인 겁니다. 특정한 사람들의 무리인 거죠. 군대에서는 부대 하나하나를 클라시스라고 했고, 해군에서도 각각의 함대를 클라시스라고 지칭했습니다. 이런 식으로 틀을 만들어서 묶을 수 있는 그룹은 다 클라시스였어요.

로마시대에 클라시쿠스는 좀 더 특정한 사람들을 가리키는 말이 됩니다. 클라시스, 즉 '함대'를 내놓을 수 있는 사람들을 가리켜 클라시쿠스라고 한 것이죠.

고대 로마에서는 전쟁이 벌어지면 시민들도 나가서 싸워야 했어요. 농사를 짓는 사람이든 장사를 하는 사람이든 자기 일을 중단하고 병역의 의무를 다했습니다. 열일곱 살에서 마흔다섯 살 사이의 남성들이 소집 대상이었기 때문에 어느 집이든 그에 해당하는 사람이 있으면 보내야 했습니다. 그런데 평민 계층과 달리 로마의 귀족들은 돈이 많을 뿐만 아니라 어느 정도 군사력도 갖추고 있었어요. 그래서 전쟁이 나면 아예 자기 군대를 보냈습니다. 어떤 사람은 함대 하나를 내놓기도 했지요. 이 때문에 로마에서 클라시쿠스란 함대를 내놓을 수 있는 부자 계급을 의미했습니다.

반대로 전쟁이 났을 때 국가에 자식밖에 내놓을 수 없는 가난한 사람들은 '프롤레타리우스(proletarius)'라고 불렸지요. '프롤레스(proles)'가 라틴어로 '자식'이거든요. 물론 개인의 입장에서는 함대보다도 자식을 내어놓는 것이 더 큰 희생일 수 있어요. 부모에게는 열 개 백 개의 함대보다도 자식이 소중하고, 그 누구보다 자식의 목숨이 귀하잖아요. 그러나 전쟁을 벌이는 국가의 입장에서는 당연히 사람 한 명보다는 함대 하나가 더 큰 가치가 있는 법이지요. 그런 면에서 두 계급의 차원이 달랐던 겁니다.

클라시쿠스라는 명칭을 받을 수 있는 클라시스는 주로 귀족 계급이었지요. 돈 받은 기사 계급도 있었지만, 귀족 계급은 거기에 명예와 권력까지 풍부하게 갖출 수 있었습니다. 그래서 많은 사람들의 선망의 대상이었지요. 이런 이유로 클라시쿠스는 '클라시스 중의 클라시스로, 모두가 선망하는 계급에 속하는 사람'이라는 뜻을 갖게 되었어요. 노예 클라시스도 있고, 평민 클라시스도 있지만, 그렇게 낮은 계급이길 바라는 사람은 없지요. 그래서 클라시쿠스는 최고 수준의 지위이자 능력이었고, 거기에 맞는 자격과 품격을 갖추어야 했습니다. 그런 사람이 보여주는 모든 것이 다른 이들에게는 하나의 모범이요 지표가 되었어요. '인사는 저 사람처럼 해야 예의 있는 거구나. 말은 저렇게 해야 하고, 행동은 저런 식으로 하는 것이구나. 저게 바로 클라시쿠스의 품격이구나!' 이렇게 되는 거지요.

이와 같은 이유로 클라시쿠스라고 하면 어떤 분야에서 최고 수준임을 뜻합니다. 가장 높은 클라시스에 있는 것, 바라보는 사람들의 존경과 부러움을 불러일으키는 그 무엇, 감탄을 자아내는 탁월한 그 무엇, 그것이 바로 클라시쿠스, 클라식, 고전의 핵심입니다.

그런데 이 말이 고전(古典)으로 번역되면서 '옛 고(古)' 자가 부각되자 자꾸 '옛것'에 초점을 맞추는 느낌이에요. 그래서 많은 사람들이 고전을 고리타분한 책이라고 인식하는 것 같습니다.

하지만 클라시쿠스라는 말에는 원래 시간적 개념이 없어요. 물론 대부분의 고전들은 오래된 작품이지요. 하지만 오래돼서 가치 있는 것이 아니라 지금 우리의 삶에도 작동하는 어떤 불변의 원리가 담겨 있기 때문에 최고의 작품으로 남아 있는 것입니다. 그렇게 보면 고전은 옛것이긴 해도 지금도 여전히 싱싱한 생명력을 가지고 유효한 것이고, 따라서 시간을 초월하는 것이라고 할 수 있어요.

그런 점에서 고전에 '옛 고(古)'보다는 '높을 고(高)' 자를 쓰는 게 더 알맞은 것 같아요. 가장 높은 수준이라는 뜻이 클라시쿠스의 진정한 의미에 가깝거든요. 모든 이들이 그 탁월성에 감탄하며 우러러보는 높은 곳에서 언제나 빛날 것만 같은 그것, 그것이 클라시쿠스, 클래식으로서의 고전인 거죠. 그러면 사람들도 시간의 개념을 벗어나서 고전을 인식할 것 같아요. 그렇게 되면 만일 누군가가 어떤 작품을 쓰면서 '이게 고전이 되려면 적어도 수백 년은 걸리겠군'이라고 생각하지 않을 거예요. 내가 만든 것이 다른 모든 것을 압도하는 순간, 곧 고전이 되는 거니까요. 고전이 이런 식으로 재해석이 되기를 바라는 마음입니다.

고전 교육도 마찬가지입니다. 학생들로 하여금 옛날 책에 매달리게만 할 것이 아니라 고전의 진짜 의미에 대해서 이야기해줬으면 좋겠어요. 고전은 시간을 떠나 지금 우리 삶에 적용할 수 있는 지혜가 담겨 있다는 점, 그렇기 때문에 현재에도 가치가 있으며 더 나아가 미래지향적이 될 수 있다는 점을 저는 꼭 강조하고 싶습니다. 그래서 옛 고전에 머무르거나 집착하기보다는 그 옛 고전에 있는 보편적이고 본질적인 것을 끌어내 새로운 틀에 담아 오늘의 고전으로 만들고, 미래를 만들고 미래에도 고전으로 남을 것을 만들어낼 수 있도록 노력하는 것이 진정한 고전 교육이라 할 수 있습니다.

성장하기 위해서는 경험해야 한다

고전이 좋다는 걸 인정하지 않는 사람은 별로 없을 거예요. 그런데 어떤 이유에서 고전이 그렇게 좋은 것인지 잘 모르겠다는 사람들이 많습니다. 교육부에서 고전을 학생들이 읽어야 할 필독서로 지정하고, 수많은 책과 강의에서 고전의 중요성을 강조하니까 그냥 '좋은 건가 보다' 하는 거예요.

고전을 읽어보려고 해도 지루하거나 어려워서 도무지 집중이 안 된다고 말하는 사람들도 많아요. 충분히 그럴 수 있습니다. 대부분의 학교에서 공통적으로 제시하는 청소년 고전 필독서 목록을 보면 플라톤의 『국가』, 공자의 『논어』, 애덤 스미스의 『국부론』, 톨스토이의 『안나 카레니나』, 김구의 『백범일지』 이런 책들이 있어요. 양서로 여겨지는 아주 대표적인 책들이지요. 그런데 이걸 다 읽어본 사람이 얼마나 있을까요? 제목만 봐도 어쩐지 읽을 엄두가 잘 안 나잖아요.

고전이란 게 그렇습니다. 두꺼운 책이 많다 보니까 첫 장을 펼치기가 어렵고, 어떤 책은 겨우 읽기 시작했는데 재미를 느끼기도 전에 지쳐버려요. 특히 비문학 작품들은 진도가 더 안 나갑니다. 저 또한 어떤 책은 읽다가 포기했고, 읽는다 해도 그냥 읽어야 한다는 의무감, 내가 못 읽을 줄 알아 하는 오기로 읽기도 하고 그랬습니다.

많은 사람들에게 고전은 '읽고 싶은 책'이 아니라 '읽어야 하는 책'이 되어버렸어요. 의무감과 압박감이 생긴 거예요. 그러다 보니 더욱 인기가 없어요. 원래 부모님이 자꾸 공부하라고 하면 더 하기 싫거든요. 소위 전문가라고 하는 사람들이 훌륭한 책이라고 하니까 독자 입장에서는 '어렵겠군'하며 왠지 읽기도 전에 흥미가 떨어지는 게 아닌가 싶기도 합니다. 영화도 그렇잖아요. 평론가들이 어떤 영화를 보고 작품성이 뛰어나다며 극찬하면 대중들은 보통 '아, 재미는 별로 없겠구나' 이렇게 생각해요.

재미있는 게 넘치는 세상인데 재미도 없는 걸 억지로 읽어야 하느냐고 누군가 묻는다면 저는 이렇게 대답하곤 해요. 고전을 읽지 않는다고 해서 큰일이 생기는 건 아니에요. 사는 데 문제가 생기는 것도 아닙니다. 그런데 앞서 이야기한 것처럼 고전을 읽는 것은 행복한 삶을 사는 데 도움이 돼요. 그냥 재미있게 사는 것과 충분한 행복을 느끼며 뜻깊게 사는 것은 질적으로 아주 다르다고 생각해요. 행복을 느끼려면 재미있는 것도 잠깐 참고 어렵고 힘들어도 자신이 추구하는 바를 이루고 그것을 통해 깊은 만족감을 얻어야 해

하르먼스 판 레인 렘브란트, 「명상 중인 철학자」, 1632년, 유화, 28X34cm, 루브르박물관

요. 많은 사람들이 열심히 사는 이유는 바로 이 때문이지 않을까요?

인간은 죽을 때까지 성장하는 존재입니다. 무언가를 추구하고 노력한다고 해서 내가 처한 상황이 단박에 바뀌지는 않지만 나라는 사람이 어제보다 오늘, 오늘보다 내일 더 나아져요. 그리고 좀 더 나은 내가 되면 어느덧 나를 둘러싼 상황도 조금씩 변화하기 시작합니다. 성장을 포기하고 꿈꾸지 않는 순간, 시간에 따라 '죽어가는 것'이 되지요.

성장에 필요한 건 경험 같아요. 아기들도 때마다 필요한 발달 단계를 꼭 거쳐야 몸과 마음이 자라는 것처럼 크고 작은 사건들을 겪으며 삶의 노하우를 익히는 거지요. 우리는 다양한 일들을 하면서 때로는 실패를, 때로는 성공을 경험합니다. 그걸 토대로 살아가는 데 필요한 지식과 지혜를 얻어요. 그리고 또다시 새로운 일을 기획하지요. 이런 기회들이 성장의 바탕을 이룹니다. 그것이야말로 진정한 뜻에서 '살아가는 것'입니다.

그런데 한 사람이 할 수 있는 경험의 양에는 어느 정도 한계가 있어요. 돈과 시간, 체력, 기회 같은 것들은 무한정으로 주어지지 않습니다. 이때 우리의 경험을 보완해줄 수 있는 게 책입니다. 대개 사고력과 어휘력, 독해력 발달을 이유로 아이들에게 독서를 권장하는데, 저는 간접경험의 기회가 확대되는 것이야말로 독서의 가장 크고 중요한 이유며 장점이라고 생각합니다. 아이와 어른 모두에게 그렇습니다.

책이라는 건 어떤 면에서는 인생 시뮬레이션 게임과 비슷합니다. 책을 펼쳐보면 온갖 시대와 공간을 배경으로 별의별 상황이 다 펼쳐져요. 우리는 이야기 속의 주인공을 자신과 동일시하면서 그 인생을 한번 살아보는 거예요. 『일리아스』를 읽을 때는 아킬레우스가 되어 전쟁터를 누비고, 『아라비안나이트』를 읽으면서 알리바바나 신드바드가 되어 신기한 모험을 하는 거지요.

고전이라 불리는 책을 보면 굉장히 다양한 인물들이 등장해요. 아주 똑똑하거나 집요한 사람, 처절하게 실패하고 복수심에 불타는 사람, 잘못된 선택으로 인생의 나락으로 굴러 떨어지는 사람... 실제로 존재했던 인물도 있고, 허구의 인물도 있어요. 작가들은 이야기라는 형식을 통해 우리가 어떤 인물에게든 감정이입을 하고 그 인물이 사는 세계 속에 들어가 볼 수 있는 기회를 줍니다.

책을 읽다 보면 자연스럽게 질문이 떠오릅니다. 이 사람은 왜 이런 선택을 했을까? 이런 환경에서 나라면 어떻게 했을까? 지금 나에게 비슷한 일이 생긴다면 어떻게 해야 할까? 그들이 어떤 선택을 하고, 그로 인해 얼마나 고통을 받았으며 어떤 최후를 맞이하는지 보면서 인간과 인생에 대해 묻게 되는 거예요. 이러한 질문과 고민은 진짜 나의 인생에서도 유효한 것들입니다. 책은 많은 사람과 상황과 사건, 사회와 시대를 경험하게 해주면서, 나를 만들어가고 다른 사람을 이해할 수 있는 기회를 제공하지요.

인간의 기억을 구성하는 것

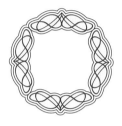

사람은 기억의 존재입니다. 자신의 삶을 기억을 바탕으로 되돌아
보고 그에 대해 평가합니다. 누군가 여러분에게 지금까지 어떻게
살아왔나 생각해보라고 하면 과거의 일들이 죽 떠오를 거예요. 그
런데 그 어떤 총명한 사람도 자신이 살아온 시간의 모든 순간을
되새길 수는 없습니다. 다 기억하지도 못하고요. 그래서 누구나 남
아 있는 기억들을 다시 편집해가며 자신의 인생을 정리할 수밖에
없을 겁니다.

  이런 편집 작업 중에 잘려나가는 기억들은 아마도 그 사람의 삶
에서 별로 중요하지 않은 것들이겠지요. 그다지 의미가 없거나 너
무 사소한 기억들은 버려집니다. 매일 반복되는 출퇴근 과정과 그

날그날의 점심메뉴를 기억하는 사람은 거의 없어요. 출퇴근 중에 특별한 사건이 일어난 어느 날이라든지 소중한 사람과 함께한 점심식사라면 몰라도 그렇지 않으면 금방 잊어버립니다. 지금 나에게 별다른 소용이 없는 것, 앞으로도 소용없을 것들은 기억할 필요가 없는 거예요. 물론 기억되는 모든 것이 의지를 통해서만 남은 것은 아니고, 원하지 않아도 깊은 상처처럼 남는 것도 있고, 정확하게 기억하지 못해도 무의식에 남는 것도 있지요. 어쨌든 분명한 것은 우리가 우리의 삶을 말할 때, 우리는 기억할 만한 경험들로 과거를 재구성하고, 재구성된 과거를 통해 자신의 현재에 의미를 부여하며, 나아가 미래의 삶도 계획한다는 것입니다.

그런데 기억할 만한 과거들이 꼭 직접 경험한 일들로만 구성되는 건 아닙니다. 간접 경험한 것들, 예를 들어 감동을 주었던 영화나 연극, 항상 듣는 음악이나 좋아하는 책 같은 것들도 거기에 다 들어가 있거든요. 그리고 신비로운 것은 내가 삶 속에서 직접 경험한 것과 간접 경험한 것 사이에 경계가 지워질 수도 있다는 겁니다. 어떤 경우는 간접 경험이 더 강렬하게 남아 있는 경우도 있어요. 거리를 걷고 있는데 내가 즐겨듣는 음악이 흘러나올 때가 있어요. 주위의 그 누구도 관심이 없는데 그 음악이 내 귀에만 들려오는 것 같은 기분일 거예요. 좋아하는 영화의 배경이 되는 장소에서 영화 속 주인공처럼 걸어볼 수도 있지요.

시간이 지나 그 장소에 갔던 기억을 떠올릴 때, 그 장소에서 내가 나로서 직접 겪은 것, 느낀 것보다 어쩌면 영화의 주인공의 감정, 느낌, 화면을 구성하던 앵글과 색조가 더 진하게 남을 수 있어요. 내 기억 속에서 직접적인 경험과 영화를 통한 간접 경험의 경계가 흐려지는 거죠. 내 회상에는 나의 직접 경험에 없던 영화의 OST가 흐를지도 몰라요. 어떤 책의 한 구절이 삶의 철학이 될 수도 있습니다. 책 한 권 때문에 인생이 바뀌었다고 하는 사람도 있잖아요. 사실 나의 직접 경험과 그 경험을 표현하고 회상하는 능력은 초라할 수도 있는데, 훌륭한 책과 영화와 위대한 사람들의 삶과 역사의 숭고한 장면들에 대한 경험이 많아지면, 내 삶 자체의 추억이 아름답고 더 풍성하며 깊어질 수 있어요.

어떤 사람들은 의아해해요. 좋은 메시지가 있다면 그대로 알려주면 되는 건데 왜 그걸 굳이 길고 어려운 이야기에 숨겨놓느냐는 거예요. 그런데 그냥 하는 말은 피부에 잘 와 닿지 않아요. 예를 들어 '사랑하는 사람의 소중함을 잊어서는 안 된다'는 걸 모르는 사람은 없지만, 책이나 영화 속 이야기를 통해 그 메시지를 접하면 훨씬 생생하게 기억에 남습니다. 그런 이야기 속에는 사랑하는 사람의 소중함을 잊은 인물이 등장할 거예요. 그러면 우리는 그 인물의 입장이 되어서 그 인물이 느끼는 후회와 고통 같은 감정을 간접적으로 경험합니다. 그리고 사랑하는 사람을 소중히 해야 한다는 사실을 절실하게 깨닫게 되지요. 이것이 우리에게 이야기가 필요한 이유입니다. 다양한 일들을 직접 겪은 사람뿐만 아니라 아주 많은 책을 깊이 있게 읽은 사람 또한 기억이 풍부해지는 거지요.

직접 경험과 간접 경험이 모두 중요한 것은 이 때문입니다. 안타깝게도 우리 교육에는 이 두 가지가 모두 결여되어 있어요. 우리 사회는 청소년들이 어떤 그룹을 형성해서 다양한 역할을 맡아본다거나 각종 체험과 봉사활동을 해볼 수 있는 기회가 적어요. 초등학교에서 중학교, 고등학교로 갈수록 더욱 그렇습니다. 어른들은 학생들이 공부만 하기를 바라는데, 체험을 통한 진짜 공부는 하지 못하게 하거든요.

간접 경험도 그렇습니다. 시험공부, 입시공부에 바빠서 소설책 한 권 읽을 여유도 없어요. 영화·연극을 보거나 음악을 감상하는 것도 낭비처럼 느껴지기도 합니다. 부모들도 권장하지도 않고요. 아이가 어릴 때는 책을 읽으면 흐뭇해하지만, 고등학생이 책에 빠져 있으면 이렇게 말합니다. '공부는 다 하고 보는 거니? 그럴 시간에 공부해라.' 이게 우리 사회의 분위기예요.

영어 단어를 외우고 수학 문제를 푸는 것도 물론 중요합니다. 특정한 정보와 지식에 관해서 맞거나 틀린 것을 뽑아내는 훈련도 해야 하지만, 저는 무엇보다 책을 많이 읽어야 한다고 생각해요. 신체 발달뿐만이 아니라 정신적인 성장도 필요하니까요. 몸만 자랐다고 해서, 나이만 많다고 해서 어른이 아니잖아요. 직접적으로든 간접적으로든 많은 경험을 쌓고 그것을 토대로 조금씩 성장해나가야 진정한 의미로 어른이 되어간다고 말할 수 있지 않을까요?

성장은 지나온 역사이자 계속되는 과정이다

『독서의 역사』를 쓴 알베르토 망구엘은 독서에 대해 이렇게 말했습니다.

"우리 모두는 자신이 어떤 존재이고 또 어디쯤 서 있는지를 살피려고 우리 자신뿐 아니라 우리를 둘러싸고 있는 세계를 읽는다."

책을 읽는다는 행위는 곧 그 이야기의 세계에 빠지는 것이고, 우리는 책 읽기를 통해 수많은 세계를 경험합니다. 독서는 즐거움인 동시에 인생을 이해하고 살아가는 무기가 된다는 저자의 말을 저는 참 좋아합니다.

언제인가 이 책의 제목처럼 제 독서의 역사를 돌아본 적이 있습니다. 제가 읽은 책 중에서 기억에 남는 것들을 떠올려보고, 제 삶을 제가 읽은 책들의 역사로 재구성해본 것이죠. 이를테면 내가 처음 읽은 소설은 무엇이었으며 그때 어떤 느낌을 받았는지, 중학교 때 접한 고전들이 나에게 어떤 기쁨과 깨달음을 주었는지, 이런 식으로 어린 시절부터 오늘날에 이르기까지 저에게 커다란 영향을 미친 책들을 정리해보았습니다. 그랬더니 감회가 굉장히 새롭더라고요.

　그 다음에는 이렇게도 해보았어요. 여러 번 반복해서 읽었던 책을 꼽아보고 그 책을 읽은 역사로 저 자신을 설명해본 거예요.『어린 왕자』같은 책은 어렸을 때 읽은 느낌과 어른이 되어 읽은 느낌이 완전히 다르잖아요.

　예를 들어 어린아이가『어린 왕자』를 읽으면 그저 재미있기만 할지도 몰라요. 모자인 줄 알았던 물건이 사실은 뱀이고, 구멍 뚫린 상자 안에 정말로 양이 있는지 책에 눈을 대볼 수도 있고, 조그마한 별과 그 별을 차지하고 있는 바오밥나무가 신기하게 보이기도 하고 그렇거든요. 그런데 청소년이 되어『어린 왕자』를 읽으면 마음에 들어오는 내용이 달라요. 길들인다는 말의 의미에 꽂혀서 '관계'에 대해 고민해보기도 하고, 책 속에 등장하는 가식적인 어른들을 비판적인 시선으로 바라볼 수도 있겠지요. 나이가 많이 든 다음에『어린 왕자』를 읽으면 또 다른 감상이 나옵니다. 어린왕자가 이상하다고 되뇌었던 여러 별들의 어른들, 왕, 주정뱅이, 사업가, 멋쟁이 등등이 이상하지 않게 다가오는 겁니다. 그들의 쓸쓸함이 절실하게 다가오면서 울컥해지는 요즘이지요.

　『햄릿』을 처음 읽었을 때의 충격은 잊을 수가 없습니다. 동생이 형을 죽이고 왕이 되었다는 것, 죽은 형은 억울해서 유령이 되어 나타났다는 것, 형을 죽인 아우는 형의 아내와 결혼을 하고, 자신과는 아무 관련 없는 사건 때문에 인생 전부를 걸고 복수를 해야만 한 햄릿의 고민 등이 저를 혼란스럽게 했습니다. 햄릿의 우울함에 저도 푹 빠졌던 적도 있고요, 대학에 들어와서는 영어 원문과 대조해 보면서 그 '우울함'이 melancholy의 번역어였다는 것을 발견했고, 그것이 제가 학부에서 전공하던 프랑스어 melancolie에서 온 것인데 '멜랑꼴리'라는 발음이 우울함과 잘 어울린다는 생각을 했었습니다. 그 발음이 묘하게 입에 잘 붙으면서 우울함이 친숙하고 긍정적으로 느껴지기도 했지요. 그로부터 『햄릿』은 제가 우울할 때 읽는 책이 되었습니다. 아마 죽을 때까지 우울함에서 완전히 벗어날 수 없는 한, 『햄릿』은 두고두고 나를 찾아올 것입니다. 제 인생의 동반자 가운데 하나인 셈이지요.

『햄릿』에서 가장 유명한 구절인 '죽느냐 사느냐'가 "To be or not to be, that is the question"의 번역임을 보고는 이게 제대로 된 번역인가 깊이 고민했던 적도 있지요. 그대로 하면 "있을 것인가, 있지 않을 것인가, 이것이 문제로다."라고 해야 되잖아요. 아닌 게 아니라, 저는 햄릿의 대사는 '죽느냐 사느냐'의 문제보다 더 깊은 차원에서 '존재와 무'를 고민한 결과라고 생각하게 되었습니다.

우연치 않게 19세기 중반에 활동하던 덴마크의 철학자 키에르케고르는 덴마크의 왕자로 나오는 햄릿의 대사와 통하는 생각을 실존주의적으로 펼쳐낸 적이 있지요. '죽음이 두려운 사람은 살려고 한다. 그러나 삶이 두려운 사람은 죽으려 한다. 그런데 죽어도 없어지는 것이 아니고 어떤 식으로든 존재한다면, 죽음은 삶의 문제에 대한 해결이 되지 않아 고민에 빠지게 된다'는 거였어요. 사실 햄릿의 고민도 깊은 차원에서 그와 통하지요.

제가 고대 그리스 철학과 고전학을 공부하게 된 다음에는 햄릿의 대사는 서양 형이상학, 존재론의 깊은 고민과 역사를 담고 있다고 믿게 되었습니다. 기원전 5세기에 활동하던 파르메니데스라는 철학자는 "있는 것은 있고, 없는 것은 없다"라는 말을 했는데, 그 이후로 있음과 없음에 관한 다양한 주장이 이어지면서 그리스의 존재론이 자리를 잡았다고 해요. 데모크리토스라는 원자론자는 "있는 것은 있고, 없는 것도 있는 것만큼이나 있다"라고 하면서 공간의 존재를 살려 놓았고, 소피스트로 유명한 고르기아스는 "있는 것이라고는 하나도 없다"라고 말하면서 파르메니데스의 주장을 정면으로 반박하며 영원불변한 진리와 존재의 가능성을 거부했지요. 다른 소피스트인 프로타고라스는 '있는 것이나 없는 것이나 판단은 인간과 개인의 몫이다'라는 취지로 존재와 무에 관해서 상대주의를 주장했다는 거예요. 좀 어렵지요? 어쨌든 이런 고대 철학의 논의는 서구 형이상학의 전통에서 면면히 흐르는데, 햄릿의 유명한 대사와 무관하지 않을 거예요. 분명 깊은 관련이 있을 겁니다.

『햄릿』이 앞으로 남은 나의 삶에서 또 어떤 느낌과 생각을 일깨울지, 여전히 기대감을 주는 책입니다. 공연이 되고 책이 나온 이후부터, 예전에도 많은 사람들에게 그랬고, 지금도 수많은 사람들에게 그러고 있고, 앞으로도 계속 그럴 것 같습니다. 시간이 흘러도 그 가치와 생명력이 줄지 않으니, 정말 시간을 초월하는 고전임에 틀림없습니다. 어떻게 이런 작품을 남겼는지, 셰익스피어라는 작가에게 경의를 표합니다.

저는 책을 읽다가 여백에 간단한 메모를 해요. 인상 깊은 구절이 있으면 그 옆에 소감이나 덧붙이고 싶은 말을 기록하는 것인데, 나중에 그 책을 다시 읽을 때 제가 메모해둔 글을 보면 꽤 재미있습니다. 20대의 메모와 30대, 40대, 50대에 메모해둔 글이 다 다르거든요. 시기마다 그 책을 읽으며 느낀 점이나 삶에 대한 반성이 누적된 책을 한 권 가지고 있으면 자신의 생각이 어떤 식으로 달라졌는지, 말하자면 성장의 방향 같은 걸 읽어낼 수도 있을 것입니다.

독서는 질문을 던지는 행위와 비슷합니다. 몇 가지 질문을 붙들고 가는 게 중요한 것처럼 독서 또한 양보다 질이 먼저인 것 같아요. 많은 책을 읽어도 수박 겉핥기식이면 남는 게 없거든요. 평생 가까이 두고 시시때때로 펼쳐볼 수 있는 '내 인생의 책'이 있으면 마치 든든한 후원자, 믿음직한 동반자를 곁에 둔 것처럼 든든합니다. 같은 책을 다시 읽을 때마다 매번 다른 걸 얻을 수 있듯이 한 가지 질문을 지속적으로 반복해서 던지면 이전과 다른 답이 나오기도 합니다.

우리의 깨달음이나 답변이 꼭 완벽한 것은 아닐지도 모릅니다. 하지만 그것을 구하고 얻는 경험이 차곡차곡 쌓이는 동안 시야는 조금씩 넓어지고 지혜도 조금씩 깊어질 거예요. 저는 그러한 과정이 바로 성장의 기반이자 성장 그 자체라고 봅니다. 인간의 삶에서 성장은 완료형이 아니라 현재진행형으로 계속될 것입니다. 그렇게 우리의 인생은 무르익어가며 아름답게 저물어가겠지요.

코린토스의 아폴론 신전

한때 우리 모두 질문이 많던 사람들

학교에서나 집에서나 아이들은 '묻지도 따지지도 않고' 살기를 강요받습니다. 어른들이 아이들의 질문을 튀는 행동이자 귀찮은 행동, 일종의 반항으로 여기니까 아이들은 무언가를 물어볼 수가 없어요. 아이들 입장에서도 질문은 하기 두렵고 쑥스러운 것이 되어버립니다. 기성세대가 만들어 놓은 답을 절대적인 정답으로 강요받고 열심히 답습하는 습관을 몸에 익힙니다. 이미 질문하는 법을 잊어버린 어른들 때문에 아이들까지 질문하지 못하는 어른으로 자라게 되는 악순환인 거죠. 그동안 권위를 지키기 위한 방법으로 질문을 차단하거나 폄하하는 사람들이 많았지만 이제 질문에 대해서만큼 관대한 사회가 되었으면 좋겠습니다.

312

저도 학생들을 가르치는 입장이기 때문에, 솔직히 질문이 좀 두려울 때가 있습니다. 학생들이 제가 아직 읽어보지 않은 논문이나 자료를 들고 와서 질문을 던지면 당황스럽기도 합니다. 하지만 저도 모든 걸 아는 사람이 아니잖아요. 그럴 때는 그냥 모르는 부분을 솔직하게 얘기합니다. 문제를 제기하고 질문한 학생들을 칭찬하는 경우도 많습니다. 제가 알아보고 의견을 정리한 뒤에 함께 이야기를 나누기도 하지요. 그런 질문이 있기 때문에 저도 공부를 게을리 할 수 없고 더 발전하게 되는 것 같아요. 무지를 고백한다고 해서 제 권위가 무너진다고 생각하지는 않습니다.

학생들 또한 선생님이 어떤 질문에 답을 하지 못한다고 해서 실력이 없다고 단정 지어서는 안 될 것입니다. 그것도 그릇된 편견일 수 있거든요. 학생의 질문, 선생님의 답변에 대한 잘못된 생각을 상호적으로 깨나가면 좋겠습니다. 나이 차이는 있더라도 그건 인간의 역사 전체로 본다면 정말 우스운 것이죠. 모든 사람들이 죽을 때까지 세상과 삶에 대해 배워가는 거잖아요. 학생이든 선생님이든 다 같은 처지인 거죠.

진정한 권위와 질서는 포용과 배려에서 나옵니다. 부모와 자녀 사이도 마찬가지입니다. 많은 부모들이 자녀의 질문을 질문으로 받아들이지 않는 것 같아요. 예를 들어서 아이가 대학을 꼭 가야 하는 거냐고 물으면 답변을 하는 게 아니라 즉각적으로 답답한 표정을 지으며 그냥 혼을 내거든요. '반드시 대학을 가야만 하는 건 아닐 수도 있어. 그런 생각이 들 수도 있지. 내가 틀릴 수도 있지만, 그래도 우리 사회에서는 대학을 나오는 게 살아가는 데 더 유리하다고 봐.' 이런 식으로 부모의 생각을 말하고 다시 자녀의 말을 들어보고 서로 묻기도 하면서 대화를 해나가야 하는데, '지금 대학 가기 싫다는 거야? 도대체 뭐가 되려고 그래?' '대학을 왜 가야 되냐고 나한테 따지는 거야?' 하는 식으로 나오면 아이는 입을 다물게 되겠지요.

아이가 어릴 때는 부모들도 아이의 질문을 기특하게 여겨요. 하지만 어느 순간 귀찮아지지요. 그리고 본격적으로 대학입시 레이스에 뛰어드는 나이가 되면 아이의 호기심이 전혀 달갑게 느껴지지 않습니다. 엉뚱한 생각 그만하고 공부나 열심히 했으면, 하는 마음이 드는 거예요.

질문하지 않는 삶이 무조건 불행한 것은 아닙니다. 어쩌면 질문이 너무 많은 사람은 그 질문이 주는 고민의 무게에 짓눌려 불행해질 수도 있습니다. 그러나 질문을 적절히, 잘 던지는 사람은 사는 동안 좀 더 많은 것을 보고 느끼며 얻을 수 있으리라고 생각합니다. 그냥 걷기만 하면 우리는 너무 많은 걸 놓칠 거예요. 주변에 무엇이 있는지 궁금해 하는 사람만이 길가에 핀 꽃을 보고, 그 꽃이 어떻게 피었는지 의문을 갖는 사람만이 그 길의 흙과 빛, 바람을 살필 수 있습니다. 자신이 어떤 길을 걷고 있는지 묻는 사람의 눈에는 또 다른 길이 보이며, 질문을 놓지 않는 사람에게는 점점 더 넓은 세상이 보일 것입니다.

세상이 참 빠르게 변하고 있습니다. 5년 뒤에, 그리고 10년 뒤에 우리가 살게 될 세상이 어떨지, 우리가 어떤 삶을 살게 될지 누구도 정확히 알 수 없습니다. 우리가 지금 알고 있는 지식이나 기술도 금방 쓸모가 없어질지 모릅니다. 이런 시대에 정말로 필요한 것은 질문의 힘입니다. 스스로 묻고 생각할 줄 아는 사람은 그 어떤 위기에도 자기 나름의 답을 찾아나갈 것이라고 믿습니다.

그러니 마음껏 질문을 던지십시오. 한때 우리는 모두 질문이 많던 사람들입니다.

나와 세상의 경계를 허무는 9가지 질문

천년의 수업

초판 1쇄 발행 2020년 4월 15일
초판 10쇄 발행 2023년 5월 2일

지은이 김헌
펴낸이 김선식

경영총괄 김은영
콘텐츠사업2본부장 박현미
기획편집 봉선미 책임마케터 문서희
콘텐츠사업5팀장 차혜린 콘텐츠사업5팀 마가람, 김현아, 남궁은, 최현지
편집관리팀 조세현, 백설희 저작권팀 한승빈, 이슬
마케팅본부장 권장규 마케팅4팀 박태준, 문서희
미디어홍보본부장 정명찬 디자인파트 김은지, 이소영 유튜브파트 송현석, 박장미 브랜드관리팀 안지혜, 오수미
지식교양팀 이수인, 염아라, 석찬미, 김혜원, 백지은 크리에이티브팀 임유나, 박지수, 변승주, 김화정
뉴미디어팀 김민정, 이지은, 홍수경, 서가을
재무관리팀 하미선, 윤이경, 김재경, 안혜선, 이보람
인사총무팀 강미숙, 김혜진, 지석배, 박예찬, 황종원
제작관리팀 이소현, 최완규, 이지우, 김소영, 김진경, 양지환
물류관리팀 김형기, 김선진, 한유현, 전태환, 전태연, 양문현, 최창우
외부스태프 구성 서주희 본문디자인 이인희 표지이미지 Jati Putra Pratama

펴낸곳 다산북스 출판등록 2005년 12월 23일 제313-2005-00277호
주소 경기도 파주시 회동길 490 다산북스 파주사옥
전화 02-704-1724 팩스 02-703-2219 이메일 dasanbooks@dasanbooks.com
홈페이지 www.dasanbooks.com 블로그 blog.naver.com/dasan_books
종이 (주)IPP 인쇄 민언프린텍 코팅·후가공 제이오엘앤피 제본 국일문화사

ISBN 979-11-306-2945-2 (03100)

다산북스(DASANBOOKS)는 독자 여러분의 책에 관한 아이디어와 원고 투고를 기쁜 마음으로 기다리고 있습니다. 책 출간을 원하는 아이디어가 있으신 분은 다산북스 홈페이지 '투고원고'란으로 간단한 개요와 취지, 연락처 등을 보내주세요. 머뭇거리지 말고 문을 두드리세요.